LE BIENHEUREUX

JEAN-GABRIEL PERBOYRE

LE BIENHEUREUX JEAN-GABRIEL PERBOYRE

Admis dans la Congrégation de la Mission en 1818.

LE BIENHEUREUX

JEAN-GABRIEL PERBOYRE

PRÊTRE, MISSIONNAIRE ET MARTYR

PAR

M. DEMIMUID

Directeur général de l'OEuvre de la Sainte-Enfance

DISCOURS

PRONONCÉS LES 3, 4 ET 5 DÉCEMBRE 1889,
DANS LA CHAPELLE DE LA MAISON-MÈRE DE LA CONGRÉGATION
DE LA MISSION

PARIS

TÉQUI, LIBRAIRE-ÉDITEUR

85, RUE DE RENNES, 85

1890

I. — LE PRÊTRE

> *Et suscitabo mihi sacerdotem fidelem, qui juxta cor meum et animam meam faciet.*
>
> Et je me susciterai un prêtre fidèle, qui agira selon mon cœur et selon mes vues.
>
> (1er livre des *Rois*, ch. ii, v. 35.)

MESSEIGNEURS (1),

MES FRÈRES,

Lorsqu'un événement, comme celui qui fait l'objet de ces solennités, vient à se produire dans l'Eglise, de nos jours surtout, tous les cœurs chrétiens doivent se réjouir et être fiers. Un saint, un bienheureux, c'est la meilleure réponse qu'ils puissent opposer aux contradictions et aux attaques des ennemis de leur foi. « Si vous

(1) S. G. Mgr l'évêque de Meaux, officiant, et NN. SS. l'archevêque d'Andrinople et les évêques de Cahors et d'Amiens.

1

ne voulez pas croire à ma parole, disait autrefois Notre-Seigneur aux Juifs, croyez du moins à mes œuvres (1) ». L'Eglise peut tenir le même langage que son divin Fondateur, et dire à ses adversaires : « Si vous ne voulez pas ajouter foi à mes enseignements et à ma doctrine, laissez-vous du moins convaincre par mes œuvres, qui sont mes saints, par ces confesseurs, ces vierges et ces martyrs, par tant de vertus, de sacrifices et par tant d'actions héroïques, qui déposent hautement en faveur de la vérité qui les a inspirés », et, comme disait Pascal : « Croyez-en des témoins qui se font égorger. »

Mais cette joie et cette fierté, au lendemain de ces actes solennels qui décernent les honneurs du culte public à un élu du ciel, doivent être ressenties plus vivement encore dans certaines portions de l'Eglise.

Ce serviteur de Dieu avait une patrie, et je ne m'étonne pas de voir se manifester déjà, d'un bout à l'autre de la France catholique, cet empressement pour invoquer le bienheureux Jean-Gabriel Perboyre, pour se procurer quelques parcelles de ses précieuses reliques, pour voir et pour posséder son image.

(1) **Joan., x, 38.**

Notre Bienheureux avait aussi une seconde patrie dans cette sainte Congrégation, dont il est un des plus glorieux fils, et je ne m'étonne pas qu'aujourd'hui, plus que jamais, tous les enfants de la double famille de Saint-Vincent de Paul, ne fassent qu'un cœur et qu'une âme, dans un même sentiment de reconnaissance, de ferveur et de pieuse allégresse.

Enfin, ce saint prêtre partit un jour, comme partaient les apôtres, après avoir tout quitté, pour aller à la conquête des âmes, dans les pays infidèles, et son nom doit être particulièrement cher aux œuvres de zèle et de charité que Dieu a suscitées dans son Eglise, pour aider à la prospérité et à l'extension des missions étrangères.

C'est d'abord la grande œuvre de la Propagation de la Foi, qui salue à juste titre, en lui, son premier martyr, et sur laquelle se reflète un rayon de la gloire du nouveau Bienheureux.

Mais il est une autre œuvre, plus récente et plus modeste, que je ne puis passer sous silence, puisque c'est à elle que je dois le grand honneur de porter ici la parole. L'œuvre de la Sainte-Enfance n'était pas encore sortie du cœur de Mgr de Forbin-Janson, ou plutôt du cœur de

Dieu, lorsque notre Bienheureux donna sa vie pour sa foi. Mais le pieux fondateur de cette association voulut, je le sais, la placer sous sa protection toute spéciale; il demanda à une âme qui, entre toutes les autres, devait être chère au nouveau martyr, d'user de son crédit auprès de lui pour attirer les bénédictions du Ciel sur la création projetée, à laquelle il associait ainsi sa mémoire, d'une manière qui a laissé des traces dans les premières publications de cette œuvre et, pour ainsi dire, dans les premiers témoignages qu'elle a donnés de son existence (1).

Ce que fut le bienheureux Jean-Gabriel Per-

(1) M. Jacques Perboyre, prêtre de la Congrégation de la Mission, qui réside à la maison-mère de Paris et a eu le rare bonheur d'assister à la béatification de son glorieux frère, a bien voulu nous raconter qu'un dimanche de l'année 1842, Mgr de Forbin-Janson vint demander à lui parler pendant les vêpres. M. le supérieur général l'autorisa à sortir de la chapelle et à se rendre à l'invitation du prélat. Celui-ci lui dit qu'il nourrissait, en ce moment, un projet très important et dont la réalisation pourrait contribuer efficacement à la gloire de Dieu; qu'il désirait y intéresser tout particulièrement le nouveau martyr, en l'intercession duquel il avait la plus grande confiance, et lui demanda de prier son vénérable frère à cette intention. L'année suivante, l'œuvre de la Sainte-Enfance était fondée, et les premières notices qu'on publiait pour la faire connaître, en France ou à l'étranger, portaient à la première page l'image du confesseur de la foi.

boyre, nous venons de le dire, et nous avons énuméré déjà tous ses titres. Il est mort de la mort des martyrs, après avoir été un admirable apôtre en Chine, et un prêtre incomparable dans cette illustre Congrégation qui est, au sein de l'Eglise catholique, un des principaux foyers et une des principales écoles de sainteté sacerdotale.

Il semble que le premier de ces titres devrait nous suffire et remplir à lui seul son éloge. « Je l'appellerai martyr, pourrions-nous dire avec saint Ambroise, et je l'aurai assez loué ». *Appellabo martyrem : prædicavi satis* (1).

Mais sa vie, qui fut courte, a été si admirablement remplie; il a été, en tout et toujours, un si parfait modèle, que ce serait perdre une partie des fruits qu'on peut recueillir de ses exemples, que de ne pas le suivre dans tout le cours de sa vie, depuis sa naissance prédestinée jusqu'à sa glorieuse mort.

Nous étudierons donc, tour à tour, le prêtre, le missionnaire et le martyr.

Aujourd'hui, nous essayerons de faire voir en lui le prêtre fidèle, dont parle la sainte Ecriture, *Sacerdotem fidelem* : fidèle dans son empres-

____

(1) S. Ambroise, *De virg.*, l. I.

sement à répondre à la grâce de sa vocation; fidèle dans l'exercice des fonctions qu'il eut successivement à remplir pour le service des âmes; fidèle dans la pratique des vertus de son saint état.

I

Saint Grégoire de Nazianze (1) a dit de saint Basile qu'il était prêtre avant d'avoir reçu l'ordination sacerdotale, ayant montré, dès son plus jeune âge, l'esprit et les vertus qui font les dignes ministres du Seigneur. On peut appliquer cette parole à notre Bienheureux, et je n'en sais pas de plus propre à caractériser son enfance et sa jeunesse, tant il sut devancer les années par la maturité de sa raison, la gravité de ses manières, et prévenir, en quelque sorte, la grâce de l'onction sainte par l'innocence de sa vie, l'ardeur de sa piété, par un zèle même qui semblait préluder déjà aux travaux du futur Missionnaire.

Il ne fut pourtant pas tout d'abord destiné à

(1) Cité par Bossuet dans l'*Oraison funèbre du Père Bourgoing.*

l'état ecclésiastique, et, durant assez longtemps, son humilité, aussi bien que sa docilité aux vues de ses parents sur lui, ne lui permirent pas de se croire appelé à servir Dieu ailleurs que dans la vie commune du monde, en partageant les labeurs des siens et en se préparant à soutenir et à consoler, dans leur vieillesse, ceux de qui il tenait, avec le jour, le grand bienfait de la plus saine et de la plus chrétienne éducation.

Jean-Gabriel Perboyre naquit, au commencement de ce siècle, à Montgesty, non loin de Cahors, dans le petit hameau du Puech ; il appartenait donc, par son origine, à cette vieille race du Quercy, fine et forte tout ensemble, qui, dans la suite des siècles, a compté plus d'un écrivain, plus d'un poète, plein d'élégance, de grâce et d'esprit, et qui, dès le temps de la conquête romaine, donnait la mesure de sa valeur et de son intrépidité, lorsque, au siège d'*Uxellodunum*, les ancêtres de notre Bienheureux fatiguaient les soldats de César et étonnaient César lui-même par leur résistance opiniâtre, et pouvaient dire, au moment où tous les moyens de se défendre et même de subsister leur manquèrent à la fois, qu'ils ne cédaient qu'à la nécessité et que leur défaite était l'ouvrage des dieux et non des hommes : *Ut id non hominum consilio, sed deorum voluntate factum putarent* (1).

Dieu a ses desseins lorsqu'il choisit le sol où devront naître ses élus; aussi, nous sera-t-il permis de dire que l'on reconnaît, en celui dont nous célébrons aujourd'hui la gloire, les traits distinctifs et héréditaires, de l'antique souche d'où il était sorti, et qu'ils sont empreints dans son intelligence, dans son caractère et jusque dans sa sainteté.

Disons-le tout de suite, pour n'y plus revenir, car il est des qualités qui paraissent bien frivoles en présence de si hautes et si mâles vertus: la Providence lui avait fait part, dans une assez large mesure, de ces dons heureux qui assignent aux compatriotes de Fénelon une place de choix dans l'histoire des lettres françaises, et, s'il l'eût voulu, à en juger par bien des traits échappés, comme malgré lui, à sa plume ou à sa parole, il aurait pu revêtir des formes les plus vives, les plus délicates, les plus touchantes, des pensées toujours marquées au coin de la plus parfaite justesse et d'une pénétration peu commune.

Quant à l'énergie du caractère et à la vigueur

(1) **César**, *De Bello gallico*, viii, **43**.

de l'âme, on peut affirmer qu'il fut un digne descendant des vieux et intrépides défenseurs de l'indépendance nationale : bien avant qu'il fît admirer aux témoins de son long et prodigieux martyre, ces grandes et fortes vertus, transfigurées par la grâce, les anges du ciel avaient pu les voir se développer et s'affermir silencieusement en lui, dans cette lutte patiente et ininterrompue, que les saints soutiennent chaque jour contre la nature, et dont les héros méritent bien qu'on dise d'eux, en s'inspirant de nos saints Livres, qu'ils sont plus courageux et plus admirables que les conquérants de la terre et que les preneurs de villes (1).

Mais ce dont notre Bienheureux remerciait surtout la Providence, c'était de l'avoir fait naître dans un pays de foi, et de parents qui mettaient au premier rang des biens qu'ils devaient laisser à leurs enfants, la crainte de Dieu et l'amour de ses saintes lois. Au milieu de ces populations aux mœurs antiques, aux fortes croyances, où Dieu se plaît à lever, encore de nos jours, tant de jeunes et vaillantes recrues pour le sanctuaire, pour la vie religieuse, pour l'apostolat des mis-

____

(1) *Melior est patiens viro forti; et qui dominatur animo suo, expugnatore urbium.* Prov. XVI, 32.

1.

sions lointaines, on distinguait la famille Perboyre, et ses deux chefs, Pierre Perboyre et Marie Rigal, qui, par des vertus patriarcales, avaient attiré sur leur union les bénédictions du Ciel, et mérité de se voir revivre dans leurs huit enfants, tous dignes du nom qu'ils portaient et des exemples qu'ils avaient reçus. Une autre et plus précieuse bénédiction descendit aussi sur ce foyer privilégié : l'appel de Dieu s'y fit entendre à coups répétés, et six de ces enfants se donnèrent au Seigneur. Trois d'entre eux vivent encore : deux Filles de la Charité qui s'agenouillent aujourd'hui, avec des larmes de joie, aux pieds de l'image du cher et bienheureux Martyr, et dont l'une le prie sur cette terre de Chine qu'il a arrosée de son sang ; et un prêtre de la Mission, qui m'écoute en ce moment, et qui me permettra de lui dire de quel cœur je m'associe à son émotion, à son bonheur, et avec quel respect je salue cette gloire incomparable que la béatification d'un frère fait rejaillir sur tous les siens, en leur conférant, j'ose le dire, la plus haute noblesse qui puisse honorer une famille et illustrer un nom.

Les religieuses influences qui entourèrent Jean-Gabriel, à son entrée dans la vie, ne tar-

dèrent pas à porter leurs fruits. Dès le **premier**
éveil de ses facultés, il parut un prodige de
ferveur et d'innocence, au sein même de cette
famille où l'attachement aux devoirs du chrétien
semblait faire partie du patrimoine commun. La
piété et le goût des choses de Dieu étaient comme
nés avec lui. Rien n'était plus touchant que
d'entendre sortir de ses lèvres, qui s'ouvraient
à peine et qui déjà trahissaient les pieux sentiments de son cœur, les noms de Jésus et de
Marie. Volontiers, on se serait alors rappelé
saint François d'Assise et l'enivrante douceur
qu'il trouvait à prononcer le nom de son Sauveur, ou cette Paule, qui, au rapport de saint
Jérôme, ravissait sa sainte aïeule par l'accent
avec lequel, de sa langue qui bégayait encore,
balbutiente lingua, elle répétait le nom et les
louanges du Christ (1). Lorsqu'il fut un peu plus
grand, son bonheur était de se rendre à l'église,
de visiter Notre-Seigneur dans sa solitude, res-
tant là quelquefois des demi-heures entières,
immobile et les yeux amoureusement fixés sur
le tabernacle; d'assister aux offices, durant les-

(1) *Quanto exultaverit gaudio quod Paulam audie-
rat balbutiente lingua Alleluia cantare.* Saint Jérôme.
Ep. ad Eustoch

quels il paraissait si absorbé en Dieu, qu'on aurait pu marcher sur lui et le fouler aux pieds, disait-on, sans le faire remuer ni parvenir à le distraire ; d'écouter enfin la parole de Dieu, qui s'imprimait si profondément dans sa jeune âme, que, le soir venu, il pouvait répéter, mot à mot, l'instruction du matin, devant ceux qui n'avaient pu l'entendre, et qui aimaient à se presser autour de lui, émerveillés de la sûreté de sa mémoire, de l'aisance et de l'onction de son débit.

Si rempli d'amour pour son Dieu, Gabriel devait avoir le plus grand éloignement pour le mal, qui lui déplaît et qui l'offense. Toute parole, toute action contraires à la religion ou aux bienséances chrétiennes, lui faisaient éprouver la plus vive peine et une indignation qu'il ne pouvait contenir. Les ouvriers que son père occupait aux travaux des champs se permettaient trop souvent des blasphèmes ou des propos grossiers; il en avait le cœur déchiré. Un jour qu'il revenait à la maison, tout ému, tout tremblant de ce qu'il avait entendu : « Il faudra, lui dit son père, leur représenter qu'ils font mal, et leur défendre de recommencer. — Je n'ose pas, reprit l'enfant, je suis trop jeune. » Mais son zèle l'emporta sur sa timidité, et tel était le res-

pect qu'inspirait à tous celui qu'on appelait déjà
le petit saint, que ses remontrances furent ac-
cueillies avec docilité, et que ces pauvres gens
devinrent plus réservés, dans la suite. Cet ascendant d'une vertu tout angélique, auquel des
hommes rudes et grossiers ne pouvaient se soustraire, Jean-Gabriel l'exerçait sans conteste sur
ses camarades, qu'il traitait toujours avec la
plus aimable douceur sans jamais se familia-
riser avec eux, et que le digne pasteur et le
maître d'école de Montgesty ne faisaient nulle
difficulté d'abandonner à sa seule surveillance,
lorsqu'ils s'absentaient du catéchisme ou de la
classe, sûrs qu'ils étaient que, devant lui, le bon
ordre et la discipline n'auraient rien à souffrir;
il l'exerçait aussi, dans sa famille, sur ses sœurs
et sur ses frères, qu'il reprenait librement de
leurs fautes ou de leurs légèretés, fussent-ils
plus âgés que lui, et qui n'auraient jamais songé
à s'en étonner ni à s'en plaindre, car ils le regardaient tous comme leur modèle et comme leur
guide. Aussi, son père aimait-t-il à dire : « La
mort peut venir me surprendre, quand il plaira
à Dieu; mes enfants ne seront pas exposés à devenir orphelins : Jean-Gabriel leur servira de
père. »

N'est-il pas permis de penser que, parmi ceux
qui voyaient croître en vertu comme en âge cet
enfant prédestiné, beaucoup devaient se dire
qu'il paraîtrait avec honneur dans le sanctuaire,
et qu'en le comblant de grâces qui dépassaient
si manifestement la mesure commune, Dieu
semblait l'avoir marqué de tous les signes qui
annoncent les saints prêtres? Lui-même n'avait-
il jamais ressenti, au fond du cœur, quelques
doutes sur son avenir, et comme un pressentiment confus de ce que la Providence attendait
de lui? Un incident de son enfance le donnerait
à penser. Ceux qui nous en ont transmis le souvenir ont été bien inspirés, et l'on y peut voir la
première révélation, et la plus touchante, de sa
vocation sacerdotale. Nous l'avons dit, ses
parents n'avaient d'abord songé, pour lui, qu'à
la condition qui était la leur, et se promettaient
de le voir vivre et travailler toujours avec eux.
Ne doutant pas que Dieu lui-même ne lui parlât
par ceux qui le représentaient à ses yeux, Gabriel n'avait jamais, de son côté, porté ses
regards ni ses désirs vers une autre voie que
celle qu'il trouvait tout ouverte devant lui. Un
jour, cependant, un dimanche sans doute, qu'il
venait de reproduire, devant son auditoire ac-

coutumé, le prône qu'il avait entendu le matin, son père, gagné par l'émotion de tous, ne put s'empêcher de lui dire en souriant : « Puisque tu prêches si bien, il faudra te faire prêtre. » A ces paroles, l'enfant baissa les yeux et ne put retenir ses larmes. Larmes saintes, larmes bénies! larmes du zèle et de l'humilité : de l'humilité qui n'ose élever ses regards vers l'autel, que pour porter une pieuse envie à ceux qui ont été jugés dignes d'en monter les degrés; du zèle, qui s'afflige de penser que Dieu est si peu connu, les âmes si exposées à se perdre, et de ne pouvoir mêler ses peines et ses sacrifices à ceux des ouvriers évangéliques, pour sauver ses frères et glorifier son divin Maître.

Le moment n'était pas éloigné, cependant, où Dieu devait parler ouvertement à son enfant bien aimé. Un de ses frères, plus jeune que lui, mais qui avait reconnu avant lui que Dieu l'appelait à son service, et qui devait aussi le précéder sur le chemin de l'apostolat et y trouver une sainte mort, Louis, allait partir pour le petit séminaire de Montauban, dont le supérieur était alors un de leurs oncles, M. Jacques Perboyre, lui aussi fils de Saint-Vincent de Paul et prêtre de la Mission, lui aussi vrai confesseur de la Foi, car il avait bravé toutes les fatigues et, à plusieurs reprises, la mort même, pour continuer à remplir les fonctions du saint ministère, pendant les troubles et la persécution de la fin du siècle dernier. La grande jeunesse et l'extrême timidité de Louis inspirèrent à ses parents la résolution de le faire accompagner par Gabriel, qui devait rester auprès de lui, jusqu'à ce qu'il fût entièrement accoutumé à son nouveau genre de vie, et profiter de son séjour au petit séminaire pour se fortifier lui-même dans les connaissances qui pourraient lui être utiles, à son retour dans la maison paternelle. Mais, à Montauban comme à Montgesty, Gabriel édifia tout le monde par ses vertus, et s'attira toutes les sympathies par ses douces et aimables qualités. Aussi, lorsque vint le jour où il devait reprendre le chemin de son pays natal, ce fut, au petit séminaire, une désolation générale. Maîtres et élèves ne pouvaient se faire à l'idée de ne plus le voir au milieu d'eux, ni croire que cette jeune fleur qui, un moment, avait orné et embaumé le jardin du divin Epoux, ne dût pas y rester toujours pour y briller de tout son éclat et y répandre tous ses parfums. Tous semblaient se réunir autour de lui, et lui dire comme autrefois Laban à Eliézer : *Ingredere, benedicte Domini; cur foris stas* (1)? « Entrez et vivez avec nous, enfant béni du Seigneur; pourquoi demeureriez-vous au dehors? votre place n'est-elle pas dans le sanctuaire, et auprès de l'autel? » Son père, lorsqu'il vint le chercher, fut l'objet de tant de sollicitations et d'instances, que, craignant d'aller contre la volonté de Dieu en emmenant son fils avec lui, il consentit à le laisser quelque temps au séminaire, pour lui permettre d'étudier sa vocation et de chercher, dans la prière et les avis de ses maîtres, la lumière sur son avenir. Gabriel était au comble de ses vœux; il pouvait donc écouter, en toute liberté, cette voix mystérieuse et secrète, à laquelle il avait craint jusque-là de prêter l'oreille. Le nouveau Samuel commençait à comprendre que cette voix venait du ciel, et était celle de Dieu, et il disait, lui aussi, en mettant dans sa prière toute son âme et tout son cœur : *Loquere, Domine, quia audit servus tuus* (2) : « Parlez, Seigneur, votre enfant est prêt à vous entendre et à vous obéir. » La réponse ne se fit pas attendre : quelques jours plus tard, Gabriel pouvait écrire à son père: « J'ai consulté Dieu

(1) Gen., **xxiv**, 31.
(2) I Reg., **iii**, 10.

sur l'état que je devais embrasser pour aller plus sûrement au ciel. Après bien des prières, j'ai cru que le Seigneur voulait que j'entrasse dans l'état ecclésiastique. »

Il avait plus de quinze ans, quand il fut définitivement fixé sur la voie qu'il devait suivre, et commença ses études latines. Mais son ardeur au travail, merveilleusement servie par les plus heureuses facultés, lui permit d'atteindre promptement, de dépasser même les jeunes séminaristes de son âge. Il parcourut rapidement le cercle entier des humanités, ne cessant de remporter les plus brillants succès, et, comme saint Grégoire l'a dit de saint Athanase (1), de surpasser les mieux doués par son application, et les plus laborieux par sa facilité et ses talents. Aussi, deux années n'étaient pas écoulées, qu'il pouvait entrer en philosophie, et que, le professeur d'une des classes élémentaires ayant brusquement quitté l'établissement, on jetait les yeux sur lui pour le remplacer. Ce choix ne témoignait pas seulement de l'estime qu'on avait pour son savoir, mais aussi de l'idée qu'on se faisait de sa sagesse et de sa prudence, déjà si

(1) Cité par Bossuet dans l'*Oraison funèbre du Père Bourgoing*.

grandes, en effet, qu'on était tenté de lui appliquer le mot de saint Grégoire de Nazianze : *Canus erat etiam ante canitiem* (1) : « Il avait l'expérience et l'autorité d'un âge où il n'était pas arrivé » ; et qu'il inspirait à ses supérieurs la confiance la plus absolue, et à ses condisciples qui l'aimaient tant, encore plus de respect que d'affection.

Ce n'est pas que, parfois, l'étourderie de l'enfance ne reprît le dessus chez ses compagnons et voisins de classe; que ceux-ci ne se laissassent aller à quelques taquineries à son endroit, et même ne missent à rude épreuve sa patience et son désir d'être tout entier aux leçons du maître. Mais tout ce qu'on pouvait tenter pour le distraire ne servait qu'à faire éclater davantage un des traits dominants de ce caractère, si bon et si ferme à la fois, et ce qu'on pourrait appeler, avec un historien de son compatriote Fénelon, « son inflexible douceur ». On avait beau lui parler, le piquer, le pincer même jusqu'au sang, il ne se relâchait en rien de son attention et de son calme invincible, et ne répondait que par un sourire doux et suppliant, qui faisait bientôt rentrer le coupable dans le

(1) S. Grég. Nazianze. *Orat.*, XLIII, 23.

devoir. Au reste, aucun mauvais sentiment, aucun esprit de jalousie ou de moquerie n'était pour rien dans ces légères vexations, d'où Jean-Gabriel sortait toujours victorieux à force de vertu. Ses camarades n'étaient pas jaloux, ils étaient fiers de lui. Il n'avait que des succès, et occupait presque constamment le premier rang ; il était si parfait qu'on ne le prit jamais en faute, et que la plus petite faiblesse n'aurait pu s'autoriser de son exemple. Mais il était si modeste qu'une telle supériorité en toutes choses ne portait ombrage à personne : elle faisait plutôt honneur à tous, et semblait comme le bien commun du séminaire, dont un si admirable écolier était la gloire. Aussi était-ce sans arrière-pensée, mais dans toute la sincérité, dans tout l'élan de leur jeune admiration, que ces enfants aimaient à l'appeler le petit Louis de Gonzague, le petit saint Jean, et plus souvent encore le petit Jésus, comme si, avec l'instinct prompt et sûr de leur âge, ils avaient deviné ce qui devait être le caractère distinctif du bienheureux confesseur de la Foi, si conforme en tout et toujours à son divin Modèle, depuis les suaves vertus de ses premières années jusqu'à l'héroïque générosité de son sacrifice et de sa mort.

Les vertus et la piété du jeune séminariste ne tardèrent pas à recevoir une double récompense, la plus précieuse qu'il pût alors désirer. Il fut reçu comme novice, à seize ans, dans la Compagnie de la Mission, et, deux années plus tard, admis à y prononcer ses vœux. En même temps que sa vocation sacerdotale lui avait été clairement révélée, il s'était senti appelé à entrer dans cette sainte Congrégation, qu'il avait appris, dès ses premières années, à connaître et à aimer. Tout jeune enfant, au Puech, durant les soirées d'hiver, comme il n'avait aucun goût pour les amusements frivoles, il lisait et relisait la *Vie des Saints*, mais surtout la vie de saint Vincent de Paul. De bonne heure, il eut un trait de ressemblance avec ce héros de la charité chrétienne : il aima les pauvres. Sitôt qu'il en apercevait un à la porte de la maison paternelle, vite il avertissait sa mère ou les personnes présentes : « Voici un malheureux, disait-il, il paraît avoir faim et il est bien mal vêtu ; il faudrait lui donner du pain et des habits. » Au petit séminaire de Montauban, il lui arrivait souvent, croyant avoir échappé à tous les regards, de prendre le pain de son déjeuner ou de son goûter, et d'aller, à la dérobée, le porter aux mendiants de la rue, ou le déposer dans une corbeille, destinée à recevoir pour eux les restes des élèves. Quelquefois, on lui faisait sentir qu'on l'avait surpris : « Aujourd'hui, lui disait-on, vous n'avez pas déjeuné, vous vous êtes privé de votre goûter pour les pauvres. — Mais, répondait-il en rougissant, je ne fais jamais de meilleur goûter, ni de meilleur déjeuner que lorsque je donne ma portion aux pauvres, qui en ont si grand besoin; et moi, je puis m'en passer facilement : je n'ai donc pas beaucoup de mérite à cela. » Plus tard, professeur au collège de Montdidier, une de ses plus grandes joies était de sortir pendant les récréations, avec des élèves chargés de corbeilles remplies, et de les conduire à la prison ou dans les plus pauvres faubourgs : « Nous venons de faire, disait-il à bon droit au retour, ce que faisait notre saint Fondateur. »

Avec quel bonheur ne dut-il donc pas prononcer ce quatrième vœu, en usage dans la Congrégation de la Mission, et qui le liait, pour toujours, au service des pauvres! Les pauvres! il ira les chercher jusqu'au bout du monde; c'est pour eux surtout, comme nous le verrons bientôt, c'est pour les consoler et les convertir, qu'il traversera les mers et qu'il ira prêcher et mourir en Chine. Jean-Gabriel contractait ces solennels engagements, le 28 décembre 1820, le jour où l'Eglise célèbre la fête des saints Innocents, ces touchantes et glorieuses prémices de tous les martyrs, et presque au lendemain de celui où, dans les premiers mois de cette même année, l'un de ses aînés dans la famille de Saint Vincent, qui l'avait précédé en Chine et sur les lieux mêmes qu'il devait évangéliser plus tard, le vénérable François Clet, lui ravissant, comme le disait naguère une voix auguste (1), l'honneur de remporter le premier la palme, avait été mis à mort pour la Foi. C'est sous de tels auspices que le jeune et fervent lévite se donnait au Seigneur, dans cètte oblation des saints vœux, que les maîtres de la vie spirituelle ont pu nommer un holocauste, car ils ne réservent rien de la victime, et livrent tout au feu du sacrifice, et le cœur, et la volonté, et les sens, mais qui n'étaient pour lui que le premier pas dans la voie de l'immolation volontaire, où il nourrissait

(1) *Quæ Deo jam spoponderat, voti religione sanxit idque evenit eo ipso anno quo Ven. Franciscus Clet, illustri facto martyrio apud Sinas, primam honoris palmam Joanni Gabrieli præripuit.* **Bref de béatification.**

déjà l'espoir de marcher jusqu'au bout, à la suite de tant de généreux devanciers et de son divin Maître, pour ne s'arrêter qu'après avoir donné sa vie même et tout son sang.

Jean-Gabriel appartenait désormais tout entier à Dieu; mais Dieu, qui ne se laisse jamais vaincre en générosité, voulait se donner sans retard et libéralement à lui, et avait hâte, semble-t-il, de l'investir des pouvoirs et des grâces de son sacerdoce. Il fut donc appelé à Paris, pour y faire sa théologie et s'y préparer aux saints ordres.

Une nouvelle initiation commençait pour lui, et son intelligence, si avide de Dieu, allait pouvoir se rassasier de l'aliment qui lui convenait. Sans doute, les pieuses lectures lui étaient, depuis longtemps, familières, et l'on peut croire qu'il avait déjà une connaissance, une intelligence peu communes des choses de Dieu et des saints enseignements de l'Eglise. D'ailleurs, dans l'étude même des sciences et des lettres humaines, ce jeune homme, qui vivait si réellement de la Foi, devait trouver des moyens de mieux connaître et d'aimer davantage Celui qui éclaire toute intelligence, et de qui découle tout ce qui est vrai, noble et beau ; et j'imagine qu'il aurait pu s'approprier l'admirable parole de saint François d'Assise, qui aimait à feuilleter les écrits des anciens, et qui répondait un jour, à un frère surpris de le voir se livrer à ces lectures et ne comprenant pas quel profit il en pouvait attendre : « Mon enfant, j'y trouve les lettres dont se compose le glorieux nom du Seigneur » : *Fili, quia litteræ sunt ex quibus componitur gloriosissimum Dei nomen.* Mais ce ne sont plus seulement quelques caractères épars de ce divin nom, que le jeune théologien peut maintenant espérer de recueillir comme prix de son travail. La science sacrée, qui va occuper tout son temps et toutes ses pensées, est vraiment la science de Dieu, *scientia Dei* (1), parce qu'elle vient de Dieu et ne parle que de Lui. « Celui qui a commandé que la lumière sortît des ténèbres, dit saint Paul (2), a fait luire sa clarté dans nos cœurs » : *Qui dixit de tenebris lumen splendescere ipse illuxit in cordibus nostris.* « Mais, ajoute Bossuet (3), ce n'est pas pour nous donner un vain éclat, à nous qui n'étions que ténèbres; c'est qu'il a voulu imprimer dans la science

(1) S. Paul, Col., i, 10.
(2) II Cor., iv, 6.
(3) Bossuet, *Panégyrique de sainte Catherine.*

2

qu'il nous a donnée, comme dans une glace unie, l'image de son Fils, notre Sauveur, afin que tout le monde admirât sa face, et fût ravi de ses beautés immortelles. » *Ipse illuxit in cordibus nostris, ad illuminationem scientiæ claritatis Dei in facie Christi Jesu* (1). Cette image du Christ et de son Père, notre Bienheureux la cherche, la contemple, l'étudie, avec une infatigable ardeur, dans les Ecritures, qui sont bien ce rayon lumineux, directement tombé du ciel, et dans les Pères, les Docteurs, dont les écrits ne sont que le commentaire et le développement des données de la révélation et qui ne nous entretiennent que de Dieu, de ses perfections, de ses œuvres et de ses lois.

Mais, parmi tous ces maîtres, il en est deux que notre Bienheureux goûtait entre tous les autres, et qu'il ne se lassait pas d'étudier et d'approfondir : c'étaient saint Paul et saint Thomas d'Aquin; saint Paul, qu'il devait aimer, car il a toujours à la bouche, comme parle Bossuet, le nom de Jésus-Christ, et il le fait retentir presque à chaque verset de ses épîtres, se souciant peu de blesser, par ces répétitions, les

(1) S. Paul, *ibid.*

règles de la rhétorique; saint Paul, qui lui était devenu si familier, qu'il aurait pu, disait-on, en réciter par cœur et de suite des épîtres entières, et que les pensées, les paroles, les phrases de l'apôtre lui échappaient sans cesse comme d'elles-mêmes et toujours à propos; saint Thomas d'Aquin, dont la *Somme* était son livre favori, la *Somme*, l'ouvrage le plus surprenant qui soit sorti du génie de l'homme, puisque la Bible vient de l'inspiration de Dieu, et qui semble vraiment marquer la limite extrême où puisse atteindre la raison avant de parvenir à la vision du ciel (1). Plus il lit ce livre, plus il le goûte; plus il le goûte, plus il l'entend, au point que, bientôt, les problèmes les plus ardus n'ont plus de secrets pour lui, et que, tout jeune encore, à peine au sortir de ses études, il en pouvait discourir avec une force et une élévation qui surprenaient tout le monde et dont il était seul à ne pas se douter.

Si notre Bienheureux mettait tant d'ardeur à s'instruire, c'est qu'il avait appris de l'Esprit-Saint que les lèvres du prêtre doivent être les dépositaires de la science, et qu'il ne pouvait

(1) Expression du R. P. Ventura, dans les *Gloires nouvelles du Catholicisme*.

oublier que son maître, saint Paul, après avoir énuméré les différents dons que Dieu distribue dans son Eglise et qui y suscitent les apôtres, les prophètes, les évangélistes, ajoute que plusieurs y sont établis pasteurs et docteurs, *pastores et doctores* (1), ne séparant pas ces deux titres, comme pour nous faire entendre qu'ils doivent être toujours indissolublement unis l'un à l'autre. Mais ce qui l'attachait encore davantage à l'étude de cette science qu'on a justement nommée la science des saints, c'est qu'il y trouvait une nourriture pour son cœur en même temps qu'une lumière pour son esprit, et qu'il comprenait qu'à pareille école on devait grandir en vertu aussi bien qu'en savoir, que le meilleur appui de la sainteté du prêtre est une foi solide et éclairée, et qu'on peut bien dire,de la théologie tout entière,ce qu'un ancien Concile disait de l'Ecriture, qu'elle est la base de la perfection sacerdotale : *Sacerdotii hypostasin.* C'est dans cet esprit qu'il étudiait, lorsqu'il était sur les bancs; c'est dans cet esprit qu'il professera lorsqu'il sera devenu maître à son tour. Son enseignement n'avait rien de

1 Ephes., iv, 11.

sec et d'abstrait; on sentait qu'il voulait faire du bien à ses élèves, qui sortaient d'auprès de lui instruits et édifiés tout ensemble, et que ses leçons préparaient doublement aux devoirs de leur sainte vocation, en éclairant leur foi et en fortifiant leur vertu.

Mais lui-même est prêt; et, sur l'appel de ses supérieurs, après avoir franchi tous les degrés qui conduisent à l'autel, il va recevoir la prêtrise, avant d'avoir accompli sa vingt-quatrième année, le 23 septembre 1825, le jour même où son bienheureux Père, saint Vincent de Paul, avait été promu au sacerdoce. Grande, assurément, fut sa joie; mais son humilité s'alarme à la vue du fardeau qu'il va recevoir et qui paraîtrait redoutable aux anges eux-mêmes. Ces sentiments se font jour, d'une manière bien touchante, dans une lettre qu'il écrivait à son père, quelques semaines auparavant : « Dans un mois, lui dit-il, je serai prêtre... Il faut que la miséricorde de Dieu soit bien grande pour se choisir des ministres si indignes; vous savez combien peu j'ai mérité cette faveur. Suppliez, je vous en prie, Notre-Seigneur de ne pas permettre que j'abuse des grâces qu'il veut bien m'accorder. » On devine qu'elle dut être la réponse de son père : elle s'échappait des lèvres de tous ceux qui avaient été les témoins d'une enfance, d'une jeunesse si pures, si pieuses, si visiblement marquées des signes de l'élection divine. Comme autrefois, les fidèles de Lystre et d'Icone rendaient témoignage à Timothée, et, se souvenant des vertus de ses premières années, en tiraient un favorable présage de ce qu'il serait, une fois associé à l'apostolat de saint Paul : *Secundum præcedentes in te prophetias* (1); ainsi les condisciples, les maîtres, les parents de notre Bienheureux pouvaient l'accompagner à l'autel, répondre des dispositions qu'il y portait et dans lesquelles, après avoir été si fidèle à la grâce de sa vocation, il s'apprêtait à recevoir cette plénitude de dons divins qui, des mains ouvertes de l'évêque, allaient découler sur sa tête, et prédire enfin ce qu'il devait se montrer dans les différents ministères qu'il aurait successivement à remplir.

II

Ce que fut notre Bienheureux, dans les diverses fonctions de son ministère, on peut le dire

(1) I Tim., I, 18.

d'un seul mot : il s'y comporta toujours en prêtre, en prêtre saint et parfait.

Il n'avait pas encore reçu l'ordination sacerdotale, quand il fut envoyé comme professeur au collège de Montdidier. Mais, nous l'avons dit, et, ce me semble, nous l'avons aussi montré, on peut lui appliquer la parole de saint Grégoire de Nazianze : « Il était prêtre, même avant que l'évêque lui eût imposé les mains. » Il n'exerçait pas encore les pouvoirs du sacerdoce : il en avait déjà l'esprit et le zèle. Ces dispositions, il les portait dans ses plus humbles fonctions, se souvenant des enseignements du divin Maître, et sachant que rien n'est à négliger de ce qui peut contribuer au salut du plus petit enfant, et ajouter, dans la plus faible mesure, à la gloire de Dieu. Aussi, durant les deux années qu'il passa dans cette maison, fit-il un bien immense ; et il y laissa un tel parfum d'édification que ceux qui le connurent alors disaient qu'il avait vécu, au milieu d'eux, comme une âme qui ne touchait pas à la terre, ou comme un ange qui aurait emprunté un instant les attributs de l'humanité, pour venir accomplir ici-bas une mission céleste.

Après son ordination, c'est à Saint-Flour qu'il

se rend, sur l'ordre de ses supérieurs ; il enseigne d'abord la théologie dogmatique au grand séminaire, puis il est appelé à la direction du collège catholique de cette ville.

Dans cette nouvelle et importante charge, il révéla ce qu'il y avait en lui de facultés pour le gouvernement, de ressources pour le maniement des esprits, de vigueur et de prudence pour faire face aux difficultés les plus graves; mais surtout, en dépit des précautions de son humilité, toute sa conduite et ses moindres démarches trahissaient de plus en plus les trésors de piété et de vertu sacerdotales, que recélait son âme et qui ne cessaient d'y croître.

A la vue de ce supérieur de vingt-cinq ans, plus d'un père et d'une mère de famille ne purent s'empêcher de concevoir et de manifester quelques craintes. Mais il ne tarda pas à prouver qu'il était prêtre, dans toute l'acception et selon la pleine étymologie du mot, et que, sous les traits d'un tout jeune homme, il cachait la maturité de la vieillesse.

Tout le fardeau de l'établissement qu'il dirigeait retombait sur lui, et il en était à la fois le supérieur et l'économe. Mais, tout en donnant ses soins à maintenir, ou plutôt à rétablir, car elle était fort ébranlée lors de son entrée en fonctions, la prospérité matérielle de sa maison, il n'oublia jamais qu'il lui fallait réserver ses sollicitudes les plus attentives pour les pierres vivantes qui lui étaient confiées, et que son premier comme son plus grand devoir était de travailler à instruire, et surtout à élever, et à élever en chrétiens, tous ces enfants qui étaient devenus les siens. Si un païen, si Quintilien disait que, dans l'œuvre de l'éducation, ce qui doit prévaloir sur tout le reste, c'est la culture de l'âme, et qu'il faut former les enfants à la science de bien vivre avant de les exercer à bien parler : *Potior mihi ratio vivendi honeste, quam vel optime dicendi videretur* (1) ; que devait penser un chrétien, un prètre, qui voyait, dans toutes ces jeunes âmes, dont il aurait à répondre un jour, le prix du sang de Jésus-Christ ?

C'est la Foi qui lui révélait le but qu'il devait poursuivre ; c'est la Foi qui lui fournissait les moyens qu'il devait employer pour l'atteindre. Et d'abord, il aimait ses élèves, il les aimait en Jésus-Christ, d'un amour de père, d'un amour de prêtre. Il savait que, selon la parole du plus grand des orateurs sacrés de notre siècle, qui

(1) Quintilien, *Institution oratoire,* i, 1.

fut aussi un admirable instituteur de la jeunesse : « Dieu a voulu qu'on ne fît aucun bien à l'homme qu'en l'aimant (1) », et qu'en particulier l'éducation de l'enfance est une œuvre d'amour, parce qu'elle est une œuvre de dévouement et de persuasion : de dévouement de la part des maîtres qui ne peuvent donner la science et surtout inspirer la vertu qu'en se donnant et en se dépensant eux-mêmes ; de persuasion de la part des enfants, dont l'intelligence et le cœur resteront fermés, s'ils n'ont pour leurs maîtres, une confiance, qu'ils refuseront à ceux dont ils ne se sentiront pas aimés. Quelque chose du cœur de saint Paul semblait avoir passé dans le cœur de notre Bienheureux, et c'est avec la tendresse et l'inquiétude maternelles de l'apôtre travaillant au salut des fidèles de la Galatie, qu'il s'efforçait de développer dans ses enfants les vertus du chrétien, et de former en eux la vivante image de Jésus-Christ : *Filioli mei, quos iterum parturio, donec formetur Christus in vobis* (2). Il se rappelait surtout combien Notre-Seigneur avait aimé les enfants, avec quelle

(1) Lacordaire, *Discours pour la distribution des prix de l'école de Sorèze.*
(2) S. Paul, *Gal.*, iv, 19.

affectueuse bonté il était toujours prêt à les accueillir. Dans ses entretiens avec ses professeurs, il citait volontiers ces traits si touchants de la vie du divin Maître, et il leur disait souvent : « Oh ! Messieurs, que l'enfance est digne de notre amour et de nos respects !... »

Un autre de ses moyens d'action, c'était la prière. Il était bien de l'école de saint Bernard, et pensait, avec lui, que c'est de la prière beaucoup plus que de nos efforts qu'il faut attendre le succès de nos entreprises : *In omni plus fidat orationi quam labori*. Et lui-même, plus tard, au noviciat de la maison-mère de Paris, ne semblerat-il pas traduire cette parole du saint docteur, tout en nous révélant le secret du prodigieux ascendant qu'il exerça partout autour de lui, lorsqu'il dira : « On ne fait de bien réel dans les âmes que par la prière. » C'est dans la prière que, tous les matins, il allait puiser des lumières et des forces. A quelques-uns de ses collaborateurs qui lui demandaient quelle méthode il suivait dans sa méditation quotidienne, il répondit un jour : « Quand je me mets en oraison, je commence par rendre hommage à Dieu, puis je réfléchis sur mes propres besoins, sur ceux des maîtres, des élèves, et de tous ceux qui composent la maison ensuite, je supplie Notre-Seigneur d'accorder à chacun ce qu'il lui faut. C'est par la prière qu'il remportait ses plus grandes victoires sur les natures rebelles et sur les volontés endurcies. Lorsque tous les moyens humains avaient échoué, lorsque les remontrances et les punitions n'avaient pu avoir raison de l'indiscipline ou de la paresse, il priait, il se mortifiait pour les coupables ; quelquefois il les conduisait dans sa chambre, les amenait au pied de son crucifix, et là, se jetant à genoux, faisait amende honorable en leur nom, d'un ton si pénétré, que plus d'un de ces enfants se prit à fondre en larmes à cette vue, et s'en retourna soudainement converti. Bien des années plus tard, un de ses anciens élèves croyait encore éprouver la profonde émotion qui l'avait saisi, un jour qu'il avait mérité les plus vifs reproches de la part de son saint directeur, lorsqu'il le vit tout à coup se tourner vers son crucifix, en lui disant : « Que de tristes moments, mon ami, vous me faites passer aux pieds de Jésus-Christ en croix ! »

Sous l'action surnaturelle d'une telle foi, d'une telle sainteté, des prodiges de transformation ne tardèrent pas à s'accomplir dans ce collège où régnait, quand notre Bienheureux y entra, le

plus mauvais esprit, et qu'il avait trouvé presque dépeuplé. Les élèves se sentirent bientôt
dominés par une force invisible, qui les sub-
juguait à leur insu, et dont ils ne pouvaient
d'abord se rendre compte. Tout prit, peu à peu,
une physionomie nouvelle; et, dès la rentrée suivante, le nombre des enfants avait triplé. Les
maîtres, les parents savaient bien à qui rapporter
la cause d'une restauration si complète et si
prompte. Seul, le pieux supérieur se refusait à
croire qu'il fût pour quelque chose dans le bien
qui s'opérait autour de lui. « Celui qui plante
n'est rien, répétait-il après l'apôtre, ni celui
qui arrose; c'est Dieu qui donne l'accroissement.»
Regardant, avec les saints, l'amour-propre
comme le pire ennemi des œuvres de Dieu,
c'était le blesser au vif que de se permettre,
devant lui, la moindre allusion aux succès de
son administration; il repoussait, comme une
tentation, de semblables discours, et ne
pouvait s'empêcher de laisser voir la peine,
j'oserais presque dire le scandale intérieur qu'il
en ressentait au fond du cœur. Au contraire,
quelque accident fâcheux, quelque embarras
venait-il à se produire, il revendiquait aussitôt,
pour lui seul, toute la responsabilité du mal :

« C'est ma faute, disait-il, si j'avais fait telle chose, si j'avais pris telle mesure, ce qui nous afflige aujourd'hui ne serait pas arrivé. » Il en vint bientôt à se croire au-dessous de sa tâche.

Sa santé, de tout temps assez débile, s'était fort affaiblie, dans ces dernières années, où il ne se refusait à aucun travail et ne s'accordait aucun repos. Il écrivit à ses supérieurs que ses infirmités ne lui permettaient plus de suffire aux obligations de sa charge, et qu'il devait, en conscience, abandonner un poste où il ne pouvait rester sans compromettre les graves intérêts dont il avait la garde. Ses supérieurs le rappelèrent à Paris, mais ce fut pour l'élever à des fonctions plus hautes, plus délicates encore, et pour lui confier le soin du noviciat de la Compagnie.

« Nous sommes tous appelés de Dieu, pour travailler à un chef-d'œuvre, disait saint Vincent de Paul à ses premiers collaborateurs ; car c'est un chef-d'œuvre en ce monde, que de faire de bons prêtres. » Ce chef-d'œuvre, notre Bienheureux se voyait appelé à y travailler, plus directement encore que par le passé, et d'une manière qui montrait quelle estime on faisait de ses hautes qualités et de ses grandes vertus. Il n'avait pas seulement à former de futurs prêtres et à les préparer aux différents emplois du ministère des âmes; il devait former les futurs instituteurs des prêtres eux-mêmes, et les préparer à continuer l'œuvre inaugurée, au dix-septième siècle, par saint Vincent de Paul, pour maintenir l'honneur de l'Eglise en procurant la sanctification du clergé, et qu'il a transmise à ses enfants comme une des meilleures parts de son héritage, ou plutôt, ce sont les paroles de saint Vincent, à « faire l'office de Jésus-Christ qui, pendant sa vie mortelle, semble avoir pris à tâche de faire douze bons prêtres, qui sont ses apôtres ».

Nul, d'ailleurs, n'était plus digne de remplir cette mission; car nul n'était plus scrupuleux observateur de sa règle, dont il n'avait jamais omis aucun point, pas même à Saint-Flour, alors qu'il vivait isolé de ses confrères et accablé de préoccupations et d'affaires; nul n'avait plus d'attachement pour sa communauté, à laquelle il tenait, disait-il, « du fond de ses entrailles », ni une tendresse, une vénération plus filiales pour saint Vincent de Paul, dont il ne pouvait parler sans trahir les sentiments de son cœur et sans les communiquer aux autres. Lorsqu'il fut sur le point de partir pour la Chine, une de ses sœurs, Fille de la Charité et qui résidait alors à Paris, vint le voir une dernière fois; au moment de la séparation, il la vit brisée par la douleur et comme accablée sous le poids du sacrifice : alors il l'amena ici, dans cette chapelle, au pied de cet autel, et, lui montrant les restes précieux de saint Vincent : « Vous ne devez pas tant regretter le frère, lui dit-il, puisque vous avez le père si près de vous. »

Ses rares qualités d'intelligence, son savoir solide et étendu, devaient aussi concourir à faire de lui un maître de novices accompli, et lui permettre d'exercer une profonde et salutaire action sur l'esprit de ses disciples. Soit qu'il cherchât à les instruire dans un cours qu'il avait à leur faire sur l'Ecriture sainte, soit qu'il s'appliquât à les édifier dans ses conférences sur la perfection de leur état, sa parole toujours nourrie du meilleur suc de la doctrine, toute pénétrée de l'onction de la ferveur et du zèle dont il était rempli, était, pour ses auditeurs, comme cette lumière ardente et luisante de l'Ecriture (1), et les rendait meilleurs en ajoutant à leur science.

(1) Joan., v, 35.

Ses discours étaient simples, et, en fidèle disciple de saint Vincent, il fuyait tout ce qui aurait pu le faire valoir, et sacrifiait sans merci à l'humilité tout ce qui lui paraissait trop brillant et trop relevé. Mais il n'était pas toujours le maître de retenir captives les inspirations que Dieu lui donnait pour le bien de ceux qui l'écoutaient. Parfois, sous l'impression de la vérité que son esprit naturellement profond embrassait dans toute sa beauté, sous le coup de l'émotion qu'il éprouvait au souvenir des bontés du Seigneur, sa voix devenait vibrante, sa figure s'éclairait comme d'un reflet de son âme, et son éloquence paraissait d'autant plus admirable qu'elle était plus involontaire. Au reste, il n'était jamais plus à l'aise que lorsqu'il avait à résoudre les plus hautes et les plus difficiles questions du dogme catholique, et surtout de la théologie de saint Paul. La clarté, la facilité de son exposition ravissaient tout le monde et semblaient abaisser tous les sommets et dissiper toutes les ombres. Dans les entretiens familiers de chaque jour, lorsque la conversation se traînait sur les objets les plus accessibles et les plus communs, son élocution paraissait un peu lente, et l'expression parfois se faisait attendre ; mais les paroles se pressaient, elles pleuvaient, disait un de ses novices, rapides et abondantes, lorsqu'il abordait les grands sujets qui étaient, en quelque sorte, le domaine propre et familier de sa noble et pieuse intelligence.

Lorsqu'il avait à prêcher, il ne préparait pas ses instructions dans les livres, mais au pied de son crucifix ou du tabernacle. S'il arrivait que, dans ces moments, on eût à lui parler et qu'on entrât dans sa chambre, on le trouvait à genoux, devant son pauvre prie-Dieu, et, souvent, les yeux tout baignés de larmes. Ainsi, comme Bossuet le disait d'un des plus saints prêtres de son temps, ses prédications « n'étaient pas le fruit d'une étude lente et tardive, mais d'une céleste ferveur, mais d'une prompte et soudaine illumination (1) ». Un jour — il était alors supérieur du collège de Saint-Flour — on vient à l'improviste lui demander d'adresser la parole aux élèves, le prédicateur attendu s'étant fait excuser au dernier moment. Il refuse, il proteste qu'il lui est impossible de parler sans préparation : on insiste, on le presse, il finit par céder.

(1) Bossuet, *Oraison funèbre du P. Bourgoing.*

Il se rend aussitôt à la chapelle, où il n'a que quelques instants pour se recueillir ; puis, prenant pour texte ces paroles du Prophète : *Pax multa diligentibus legem tuam*, il célèbre la paix qui est le fruit d'une conduite chrétienne, le bonheur qui est la récompense des véritables enfants de Dieu, en termes si saisissants, si forts, si touchants, qu'il captive, ravit, remue profondément son jeune auditoire, et les maîtres, dont l'un disait en sortant : « Je ne sais, en vérité, où il a pu puiser des choses si belles et si divines. »

Mais quelle que fût la valeur et l'efficacité de sa parole, ses exemples étaient une prédication plus puissante encore ; et c'est là le véritable secret de tout le bien qu'il a fait, durant son court passage au noviciat de la Mission, et du souvenir ineffaçable qu'il y a laissé. « Il sortait de sa personne, disait un de ses novices, une vertu sanctifiante, qui faisait une impression profonde et durable sur tous ceux qui l'approchaient. C'était un saint, et il avait le don de faire des saints. » Il était un admirable maître, surtout parce qu'il était un modèle accompli, et qu'on voyait dans sa conduite, mieux encore que dans ses exhortations, l'image vivante des vertus qu'il voulait inspirer. Ces vertus, nous avons maintenant à les étudier dans notre Bienheureux, et elles achèveront de nous découvrir en lui l'idéal du saint prêtre, dont la vie, selon l'enseignement des docteurs, doit être la règle et l'exemplaire de la vie des fidèles : *Sacerdos forma virtutum* (1).

III

Presque au lendemain de la mort du bienheureux Jean-Gabriel Perboyre, l'un des pieux évêques missionnaires qui l'avaient vu en Chine, le vicaire apostolique du Hou-pé, rendant compte aux Congrégations romaines des informations canoniques qu'il venait de terminer dans sa province, disait : « Le vénérable serviteur de Dieu me paraît mériter, par ses vertus seules et abstraction faite de son martyre, les honneurs des autels » : *Venerabilem servum Dei, absque martyrii merito, ob ejus virtutes, altaris honoribus esse dignum.* Ainsi parlait un des

(1) S. Pierre Chrysologue.

témoins des dernières années de notre Bienheureux, et il ajoutait que, la première fois qu'il l'avait rencontré, frappé de son air de sainteté, il n'avait pu s'empêcher de penser qu'il serait canonisé un jour. Tout enfant, on s'en souvient, Jean-Gabriel produisait déjà la même impression sur ses compatriotes de Montgesty, qui portaient de lui le même jugement et l'appelaient le petit saint. Et dans l'intervalle de ces deux témoignages, qui, à quarante ans de distance, prouvent que les promesses de l'enfant avaient été fidèlement tenues par l'homme fait, combien de voix pourrions-nous entendre, combien de dépositions pourrions-nous recueillir qui, accompagnant notre Bienheureux, à tous les âges, dans tous les lieux, dans tous les postes qu'il a occupés et dans tous les ministères qu'il a remplis, répètent sans cesse la même affirmation, et devançant la sentence de l'Eglise, canonisent, pour ainsi dire, par avance, celui à qui la décision souveraine du Chef auguste de la catholicité vient de décerner les honneurs du culte public! Ne citons que deux faits. C'est d'abord un de ses novices, plus âgé que lui, déjà prêtre, et justement estimé, quand il entra dans la Congrégation de la Mission. Depuis longtemps, il désirait, disait-il, voir un saint, avant de mourir. Il avait déjà rencontré des chrétiens réputés, et à bon droit, pour exemplaires ; mais toujours il avait trouvé en eux quelque point vulnérable qui les empêchait de ressembler entièrement aux saints canonisés par l'Eglise. Enfin, il voit M. Perboyre. Refusant de se rendre à la première impression, il l'observe, il l'étudie ; mais bientôt l'épreuve est complète : « Maintenant, dit-il à ses amis, je connais un saint, je sais ce que c'est qu'un saint vivant. » Puis, ce sont les officiers et les matelots, c'est tout l'équipage du navire qui l'a transporté de France à Batavia. Durant trois mois, ils ont vécu côte à côte avec lui, ils l'ont eu sous leurs regards, dans ce voisinage et ce contact incessant de l'existence à bord : au moment de la séparation, on les voit se presser tous avec émotion, autour de lui, pour lui faire leurs adieux, et on les entend se répéter entre eux : « Pour celui-là, c'est un véritable saint. »

Cependant, sa vie n'avait rien d'extraordinaire ni d'éclatant. Il était simple dans ses actions comme dans ses discours, et se contentait de pratiquer les vertus communes de son état. Il aurait voulu laisser croire qu'il n'agissait ainsi que par impuissance de s'élever au-dessus d'une certaine médiocrité dans le bien. Il répétait volontiers qu'il était impropre aux grandes choses, et que son lot n'était pas de courir sur les cimes, mais de marcher modestement dans la voie unie et accessible au grand nombre : « Je ne serai pas plus un homme de merveilles en Chine qu'en France, écrivait-il un jour; c'est assez si je puis être un bon petit *trotte-menu*. »

Mais la perfection ne consiste pas dans les actions d'éclat. Ce ne sont pas ces élans fugitifs par lesquels une âme s'élève pour un instant au-dessus d'elle-même, ce sont les efforts persévérants pour ne jamais déchoir, qui font les saints. Ne pas attendre ces occasions solennelles et, par suite, bien rares, où de grands devoirs peuvent mettre en lumière de grandes vertus; mais profiter de toutes les circonstances, se montrer toujours prêt à accomplir la bonne œuvre du moment, si obscure et si humble qu'elle soit en apparence : *Ad omne opus bonum paratum* (1); et pratiquer la maxime que notre Bienheureux aimait à rappeler : *Age quod agis*, « Faites ce que vous faites », faites-le de

(1) S. Paul, II Tim., ii, 21.

votre mieux et faites-le pour Dieu; mais lutter chaque jour, dans le silence et dans le secret du cœur, sans lassitude et sans trêve, contre les mauvais penchants de la nature; mais par cette vigilance qui ne se relâche jamais, par cette immolation constante des sens à l'esprit, des passions au devoir, de la créature au Créateur, ne cesser de grandir en mérite devant le Seigneur, en grâce devant les hommes, d'ajouter au progrès de la veille le progrès et les victoires du lendemain, de réaliser, dans sa vie, la parole du Sage : « La voie des justes est comme une lumière radieuse et va croissant jusqu'au jour parfait » : *Justorum semita, quasi lux splendens, procedit et crescit usque ad perfectam diem* (1) : voilà la vraie sainteté, celle que Dieu couronne dans le ciel, et que l'Eglise glorifie sur la terre. Rien n'est plus beau, dans la nature, que le spectacle de l'aube, dont la pure et paisible clarté va croissant, non par secousses et soubresauts violents, non par éclairs et par jets éblouissants de lumière, mais par une dilatation insensible et continue, sans interruption ni repos, jusqu'au plein éclat du

(1) Prov., iv, 18.

grand jour. Et c'est précisément l'image sous laquelle saint François de Sales nous représente la sainteté de la plus parfaite des créatures, de la bienheureuse Vierge Marie, et les progrès du « divin amour qui croissait à chaque moment, dit le grand et aimable docteur, dans le cœur virginal de notre glorieuse Dame, mais par des croissances douces, paisibles et continues, sans agitation, ni secousse, ni violence quelconques (1) ».

Sans doute, notre Bienheureux n'avait pas reçu le privilège qui rendit impeccable la très sainte Mère de Dieu. Mais telle fut sa fidélité à la grâce, sa vigilance sur lui-même, sa constance dans ses efforts pour se **vaincre**, qu'on était tenté de le regarder comme un ange revêtu d'un corps mortel, qu'on avait peine à surprendre en lui les traces de la faiblesse des enfants d'Adam, et que nous pourrions ici faire appel, de nouveau, à tous ces témoignages que nous invoquions tout à l'heure et qui nous diraient qu'à toutes les époques et dans toutes les circonstances de sa vie, il parut toujours sans défaut. On demande à ses parents s'ils ne l'avaient pas quelquefois

(1) S. François de Sales, *Traité de l'amour de Dieu.*

trouvé plus pieux, plus obéissant, plus appliqué à ses devoirs que d'habitude, s'ils n'avaient pas, à certains moments, pu constater chez lui comme un redoublement de ferveur et de vertu. Et ils répondent qu'ils n'ont jamais rien observé de semblable : « S'il n'avait pas été si constant dans le bien, ajoutaient-ils, on aurait pu découvrir en lui quelque chose de mieux à certaines époques ; mais il était toujours tel qu'il ne laissait rien à désirer. » Plus tard, au petit séminaire de Montauban, ses condisciples, ses maîtres sont unanimes à déclarer qu'ils n'ont jamais trouvé, en lui, rien de répréhensible : « Nommez les vertus, disaient-ils, il les avait toutes ; nommez les défauts, on ne pouvait lui en reprocher aucun. » Novice, il a pour compagnon de chambre un jeune homme qui se met à le surveiller, à l'épier, qui cherche par quelle imperfection il peut payer tribut à la fragilité commune, et qui, plus tard, lorsqu'on lui demandait des renseignements sur cette époque de la vie de son ancien confrère, répondait : « Il vous serait facile d'écrire, sans mon secours, l'histoire de son noviciat : vous n'auriez qu'à vous représenter l'idéal du novice parfait, puis à lui appliquer tout ce que vous auriez imaginé de plus

accompli; vous seriez toujours dans le vrai. »
Prêtre enfin, à Saint-Flour, à Paris, en Chine,
il est toujours le même, et ne se dément jamais.
Des regards attentifs se tiennent fixés sur lui,
on observe ses démarches, on pèse ses paroles,
on cherche à le surprendre par des assauts im-
prévus : il ne parle, il n'agit, ce sont les expressions de ceux qui l'ont connu, que sous l'impression de l'esprit de Dieu ; il marche toujours,
d'un pas égal et sans jamais s'arrêter, dans la
voie de la perfection, et ne cesse d'amasser, dans
son cœur, ces trésors de sainteté, que doit révéler
un jour, avec tant d'éclat, son glorieux martyre.

Une perfection, si soutenue, et en même temps
si tranquille et si sereine, donnait quelquefois à
penser que la vertu lui était facile et comme na-
turelle, et ne lui coûtait aucun effort. Mais la
vertu est toujours le fruit du sacrifice et le prix
du combat. Ce n'est pas en suivant la pente de
sa nature, c'est en lui résistant, qu'il était devenu si parfait. « Avec notre penchant vers le
mal, disait-il lui-même, le système des conces-
sions est très dangereux ; il faut tenir ferme contre la nature, et ne lui rien accorder. » Cette parole ne semble-t-elle pas nous introduire dans
son âme, et nous livrer le secret de ce merveil-

leux empire avec lequel il en dominait **toutes**
les puissances? Il y avait trouvé, lui aussi,
comme l'Apôtre et comme tous les hommes, cette
loi du péché qui s'oppose au règne de Dieu (1);
mais il voulait devenir saint : il entra donc ré-
solument en lutte contre lui-même et ce fut
pour la vie. Toujours et jusqu'à la fin, il eut à
la main ces armes, dont parle saint Paul, et qui
seules peuvent assurer la victoire aux parfaits :
*Accipite armaturam Dei, ut possitis in omnibus per-
fecti stare* (2), et ce n'est pas sans travail et sans
peine, ce n'est pas sans se faire longuement et
courageusement violence, qu'il en vint à être si
mortifié, que ses yeux semblaient **fermés** à tous
les objets extérieurs ; que son goût semblait
avoir perdu toute sensibilité, et qu'on serait
tenté de dire, en empruntant le langage de Bossuet, parlant de saint Bernard, qu'il « avait
éteint en lui toute la pointe de la saveur ; qu'il
mangeait toutes choses sans choix et aurait pu
boire de l'eau ou de l'huile indifféremment selon
qu'on les lui eût présentées (3); si uni à Dieu,
que son âme, disait-on, était comme *fondue en*

(1) St Paul, Rom., vii, 23.
(2) S. Paul, Ephés., vi, 13.
(3) Bossuet, *Pan., de S. Bernard.*

Lui, qu'il ne le perdait jamais de vue, quelle que fût son application aux devoirs qu'il avait à remplir, que « ses journées étaient une succession ininterrompue d'actes d'amour divin, presque aussi multipliés que les battements de son cœur », qu'on aurait pu croire qu' « il avait reçu le don de double nature, et qu'il y avait en lui deux âmes, l'une tout entière à ses occupations, et l'autre tout entière à Dieu », et qu'on oserait presque avancer qu'il n'avait pas eu besoin d'attendre le moment promis et espéré par l'Apôtre, et de déserter en réalité son corps, pour être entièrement présent au Seigneur : *Peregrinari a corpore et præsentes esse ad Dominum* (1); si patient et si doux, que rien, dans ses traits, dans son air ou dans ses paroles, ne laissa jamais supposer qu'il fût importuné ou blessé par les hommes, ému ou troublé par les événements, et que, dans son amour pour cette vertu si chère au cœur du divin Maître, il se reprochait, comme une grande faute et comme un *scandale* donné à ceux qui l'avaient entendu, d'avoir manqué de charité, il le croyait du moins et était seul à le penser, en reprenant les torts

(1) S. Paul. II. Cor., v, 8.

qu'il avait à redresser, et ne pouvait s'empêcher
d'exprimer la crainte que, par son prétendu
défaut de douceur, « il ne rendît bien lourd
le joug de l'autorité qu'il exerçait » ; si humble
enfin, que, non seulement il se mettait, dans
son estime, au-dessous de tous les autres, non
seulement il souffrait sans peine, acceptait
même avec joie et savourait, on peut le dire,
avec délices, les humiliations, mais qu'il s'éleva,
de bonne heure, à ce degré d'humilité où sainte
Thérèse parvint à la fin de sa vie, et d'où l'on
voit si nettement le peu que nous sommes, l'i-
nanité des suffrages humains, et à quel point le
bien qui est en Dieu peut seul supporter la
louange, que les compliments, les éloges, les
témoignages de respect vous trouvent indiffé-
rent et vous laissent impassible, et qu'il semblait que, dans ces occasions, il n'avait même
pas à combattre ni à se défendre du moindre
mouvement de vaine gloire.

En présence d'une vie si sainte et d'une âme
si parfaite, si l'on se demande quelle était la
vertu dominante de notre Bienheureux, on
éprouve d'abord quelque embarras à répondre.
Les vertus, il les avait toutes ; toutes elles trouvaient place en son cœur, s'y ordonnaient dans

une merveilleuse harmonie, sans se contrarier
ni s'amoindrir l'une l'autre, mais unies comme
en un faisceau où elles se fortifiaient et se com-
plétaient mutuellement. Cependant, à voir cette
sérénité angélique toujours peinte sur ses traits,
ce sourire si bon qui ne s'effaçait jamais de ses
lèvres, ce calme et cette mansuétude qui l'ac-
compagnaient partout, on ne peut s'empêcher
de penser que ce qui dominait en lui, ce qui faisait le fond de sa sainteté, ce qui était le lien et
comme la sauvegarde de ses autres vertus,
c'étaient la douceur et l'humilité.

La douceur et l'humilité : ne sont-ce pas aussi
les vertus dominantes du cœur de Jésus-Christ ?
C'est qu'en effet, imiter Jésus-Christ a été le but
constant des efforts de notre Bienheureux, et
c'est en quoi réside la véritable unité de sa vie,
qui peut se résumer en un mot : il a été une co-
pie vivante et parfaite du divin Modèle. Il savait
que « Dieu nous ayant fait cet honneur de nous
former à sa ressemblance, le plus grand hommage que nous puissions rendre à sa souveraine
vérité, c'est, comme parle Bossuet, de nous con-
former à ce qu'il est (1) ». Il savait que, le Fils
de Dieu n'ayant pas dédaigné de venir à nous,

(1) Bossuet, *Pan. de S. Pierre Nolasque.*

dans l'infirmité de la chair, et d'y vivre d'une vie commune, ordinaire, pleinement humaine, la vocation de tous les chrétiens est d'aller au ciel en suivant ses traces et en s'efforçant d'imprimer en eux sa divine image : *Conformes fieri imaginis Filii sui* (1). Et ne nous offre-t-il pas lui-même le plus beau commentaire de ces paroles de l'Apôtre, dont il aimait tant à entendre les leçons, ne nous fournit-il pas l'un des principaux traits de son propre panégyrique, lorsqu'il dit : « Jésus-Christ est la forme des prédestinés : les saints, dans le ciel, ne sont que des portraits de Jésus-Christ glorieux et ressuscité, de même que, sur la terre, ils ont été des portraits de Jésus-Christ, souffrant, humilié et agissant. » Il savait, comme il le dit encore, que le prêtre « qui a reçu la même mission que Jésus-Christ, ne doit pas seulement le représenter par le caractère sacré dont il est revêtu, mais le reproduire dans son intérieur et dans son extérieur : dans son intérieur, par ses pensées, ses désirs et ses affections; dans son extérieur, c'est à-dire dans ses démarches, dans son langage et dans toutes ses actions ». Il le savait, et telle fut son attention à se régler sur les exemples du

____
(1) Rom., viii, 29.

divin Maître, tel fut le succès de ses efforts, qu'au témoignage de ceux qui avaient eu le bonheur de l'approcher et de vivre avec lui, « en le voyant, il leur semblait voir Notre-Seigneur; s'il parlait, il leur semblait entendre Notre-Seigneur conversant avec les hommes; s'il marchait, il leur semblait voir marcher Notre-Seigneur »; et que nous pouvons bien ajouter, en le citant lui-même que « Jésus-Christ avait passé dans son âme, comme le sang passe dans toutes les parties de notre corps pour leur communiquer la vie».

S'il avait acquis une si admirable ressemblance avec le Fils de Dieu, c'est qu'il ne cessait de l'étudier, de le contempler, non seulement par le travail de l'esprit, dans l'Evangile et dans les écrits des docteurs, mais plus encore par le regard affectueux du cœur, dans la prière et dans l'oraison. « Beaucoup de personnes, disait-il, sont embarrassées pour trouver des livres de méditation qui leur conviennent; pour moi, je n'en connais pas de plus excellent que notre propre cœur et le cœur de Jésus... Etudiez-vous bien vous-même, ajoutait-il, étudiez bien le cœur de Jésus, et en peu de temps, vous ferez de grands progrès dans la vertu. Dans votre cœur, vous trouverez un abîme de misères, et dans l cœur de Jésus, un abîme de miséricordes ; dans votre cœur, vous trouverez un abîme de pauvreté, et dans celui de Jésus, un abîme de richesses ; dans votre cœur, vous trouverez un abîme de défauts, et dans celui de Jésus, un abîme de sainteté, et tous les trésors des vertus. Ces considérations vous porteront à vous humilier, à désirer de devenir meilleur, et à prier le bon Jésus de vous faire part de ses richesses. »

Mais c'est surtout dans le mystère ineffable de l'amour de Dieu pour les hommes, c'est dans la sainte Eucharistie, qu'il apprenait à connaître les perfections de son adorable Modèle, et qu'il trouvait les moyens de se transformer en lui. Il avait compris la parole qui fut dite à saint Augustin : « Je suis la nourriture des forts ; grandis et mange-moi pour grandir encore ; car tu ne me changeras pas en toi, mais c'est toi qui seras changé en moi » : *Cibus sum grandium ; cresce et manducabis me, nec tu me mutabis in te, sed tu mutaberis in me.*

L'Eucharistie, c'était sa grande dévotion, c'était le centre de sa vie tout entière. « Il était insatiable de visites au Saint-Sacrement, disent les témoins de sa vie ; tout ce qui pouvait l'amener auprès de la chapelle lui était une occasion d'aller répandre son âme devant le tabernacle, et s'entretenir avec son Sauveur. Il fallait lui faire violence pour le décider à le quitter ; il s'en allait lentement alors et s'éloignait à regret, comme l'enfant qu'on arrache à sa mère et qui revient vers elle naturellement. » — « Là où il était surtout beau et délicieux à voir, disaient encore ses contemporains, c'était pendant son action de grâces, après avoir offert et reçu son Dieu ; à genoux, immobile, les mains croisées sur sa poitrine, les yeux fermés, son visage rayonnait de joie et reflétait les pures et saintes émotions de son âme. » On ne pouvait le voir à l'autel, sans répéter ce qu'on disait déjà de son bienheureux Père, saint Vincent de Paul : « Comme il dit bien la Messe ! » C'est alors qu'il paraissait, par moments, comme anéanti et comme amoureusement perdu en Celui qu'il avait sous les yeux et qu'il tenait dans ses mains ; c'est alors que s'accomplissait en lui ce qu'il conseillait à ses confrères de demander à Dieu, à l'instant solennel de la consécration : « Priez-le, disait-il, d'opérer en vous, par sa toute-puissance, une consécration qui vous change en lui-même, afin que vous ne soyez plus ce que vous étiez auparavant, mais que vous soyez transformé en Jésus-Christ, et que vous puissiez dire, comme l'apôtre saint Paul : « Ce n'est plus moi qui vis, mais c'est Jésus-Christ qui vit en moi. »

Souvent, dans ces moments, on l'avait vu comme transfiguré; un rayon tout céleste semblait illuminer ses traits, et, malgré le nuage épais dont son humilité s'attachait à couvrir ses communications avec Dieu, on devinait qu'il se passait quelque chose d'extraordinaire en lui. Mais un jour, il venait de prononcer les paroles qui font descendre le Fils de Dieu sur l'autel, il fut tout à coup miraculeusement soulevé de terre, et resta quelques instants ravi en extase. Il est raconté, dans la vie de saint Jean de la Croix, que, comme il célébrait le saint sacrifice, dans le monastère de Baèce, l'esprit divin le saisit et le transporta lui aussi, et que, son ravissement se prolongeant, un des assistants s'écria : « Il faut appeler les anges, pour achever cette messe; seuls ils seraient dignes de prendre la place de ce saint homme. » N'est-ce pas aussi la ferveur et la pureté des anges, qui resplendissent dans notre Bienheureux, qui l'élèvent au-dessus des misères et des vulgarités d'ici-bas, et le rapprochent du ciel, **prêt** déjà, semble-t-il, à s'ouvrir pour le recevoir?

Vous auriez voulu, ô saint prêtre ! dérober pour jamais à la connaissance des hommes cette preuve éclatante de vos grandes vertus, et des incomparables faveurs dont le Seigneur se plaisait à les récompenser. Jusqu'à la fin de votre vie, le sceau inviolable d'une promesse, rigoureusement exigée par vous, ferma les lèvres du témoin de ce prodige. Mais, après votre mort, il nous fut révélé, pour la gloire de Dieu qui l'avait accompli pour l'édification de vos frères, qui peuvent y voir le magnifique symbole de la sainteté sacerdotale, qui se tient entre le ciel **et la terre,** portant en ses mains les besoins et les supplications des hommes, **et** faisant descendre sur **eux** les secours et les bénédictions de Dieu. C'est sous ces traits, ô Bienheureux ! que je veux vous contempler, avant de vous quitter aujourd'hui. C'est sous ces traits que je veux vous invoquer aussi; car, maintenant que vous êtes plus près de Dieu, vous continuez ce ministère de médiation, avec plus de puissance et de zèle encore que lorsque vous viviez parmi nous. Je ne vous adresserai, en ce moment, qu'une prière, **mais elle** a pour objet le plus **grand don** que le ciel puisse faire à la terre. Lorsque Dieu veut ramener à lui son peuple, dont il n'avait pu vaincre l'opiniâtreté, en le comblant de tous les biens de ce monde, il fait aux Israélites une promesse qui, dans sa pensée, surpasse toutes celles qu'ils avaient reçues de lui jusque-là, et il leur dit : *Convertimini, filii revertentes, ...et dabo pastores juxta cor meum* (1) : « Revenez au Dieu de vos pères, et je vous donnerai des pasteurs selon mon cœur. » Demandez donc, ô vous, le modèle des prêtres, demandez à Dieu de multiplier dans nos rangs les fidèles imitateurs de vos vertus, demandez-lui que, dans tous les pays chrétiens, mais en particulier dans notre France, il ne cesse de protéger la tribu sainte et de sanctifier ses ministres, pour l'honneur de l'Eglise, pour le bien et pour le salut des âmes.

(1) Jérémie, vi, 14, 45.

LE BIENHEUREUX JEAN-GABRIEL PERBOYRE

Missionnaire en Chine, 1835.

II. — LE MISSIONNAIRE

> *Qui ad justitiam eru-
> diunt multos, quasi
> stellæ in perpetuas æter-
> nitates.*
>
> Ceux qui enseignent
> la justice à un grand
> nombre d'âmes, brille-
> ront comme des étoiles
> dans les siècles éternels.
> (Daniel, xii, 3.)

MESSEIGNEURS (1),

MES FRÈRES,

Quand il apprit la mort de son frère Louis,
qu'une maladie de quelques jours avait emporté,
en mer, avant qu'il eût atteint ces rivages de
la Chine, où il allait annoncer la bonne nouvelle, notre Bienheureux écrivit à son oncle, ce
vénérable lazariste qui l'avait élevé au petit
séminaire de Montauban, et, après avoir laissé
parler sa douleur, après avoir exprimé son ad-

(1) S. G. Mgr l'évêque d'Amiens, officiant, et NN. SS.
l'archevêque d'Andrinople et l'évêque de Cahors.

4.

miration pour le zèle du jeune apôtre, dont la fin semblait si enviable aux yeux de la foi, quoiqu'il eût rêvé celle des martyrs, il ajoutait, en faisant un retour sur lui-même : « Hélas ! j'ai déjà plus de trente ans qui se sont écoulés comme un songe, et je n'ai pas encore appris à vivre ! Quand donc aurai-je appris à mourir ? »

A la date où il écrivait ces lignes, il était sur le point de quitter le collège de Saint-Flour, où il avait fait tant de bien, et durant ces trente années qu'il regardait comme perdues, il avait, par les vertus de son enfance, de son noviciat, de sa jeunesse cléricale, et enfin des premiers temps de son sacerdoce, rempli déjà la mesure d'une longue existence (1); si Dieu l'eût alors rappelé à lui, il l'aurait trouvé, on peut l'affirmer, les mains pleines de bonnes œuvres et de mérites. Mais il était de ces âmes qu'une grande pensée a saisies, devant laquelle tout le reste s'efface, et qui, tant qu'elles n'ont pas pu la réaliser dans leur vie, s'imaginent que celle-ci n'est encore qu'à peine ébauchée.

Quelle est cette pensée qui s'était si fortement emparée de son esprit? quelle direction nouvelle

(1) ... *In brevi explevit tempora multa.* Sap., iv.

finit-elle par donner à ses dernières années? En d'autres termes, qu'est-ce que la vocation du missionnaire, et comment l'a-t-il reçue? qu'est-ce que la vie du missionnaire et comment l'a-t-il menée?

I

Tout jeune, notre Bienheureux s'était senti appelé de Dieu à porter au loin, chez les peuples infidèles, la lumière et la grâce de l'Evangile. Comme son compatriote Fénelon qui projetait, presque au sortir de l'université de Cahors, de se consacrer aux missions étrangères, et qui, dans une lettre célèbre, parcourait en pensée les contrées soumises au schisme et à l'infidélité, et croyait travailler déjà à les conquérir ou à les rendre à la religion du Sauveur, ainsi notre bienheureux, dont le zèle ne peut se contenir dans les limites du pays qui l'a vu naître, tourne, dès ses plus jeunes années, ses regards et ses désirs vers ces nations encore assises dans les ombres de la mort, et pour la résurrection desquelles il lui tarde d'aller répandre ses sueurs, et, si Dieu le permettait, son sang.

Il aimait Dieu, et il pensait, il parlait comme saint François-Xavier, cet admirable missionnaire, dont la fête coïncidait si heureusement hier avec l'ouverture des solennités qui nous rassemblent, et, qui, pour s'encourager à entrer dans la carrière immense qu'il avait à fournir, se disait à lui-même : « Allons, Xavier, puisque ton Dieu est partout, il faut qu'il soit partout connu et adoré; ce serait un reproche pour toi, que l'Auteur de ton être fût loué dans tous les lieux du monde par les créatures insensibles, et qu'il y eût un endroit dans l'univers, où il ne le fût pas par des créatures raisonnables et intelligentes (1). »

Il aimait les âmes, et son cœur, naturellement bon, élargi encore par la charité qui fait les apôtres, avait entendu le cri de détresse de toutes celles qui souffrent, qui pleurent, qui connaissent toutes les misères de la vie, et qui ne connaissent pas de consolateur parce qu'elles ignorent Jésus-Christ : *Vidi lacrymas,.. et neminem consolatorem* (2). Il lui semblait qu'elles l'attendaient et l'appelaient de loin : *Me enim insulæ expectant* (3);

(1) Bourdaloue, *Sermon pour la fête de saint François-Xavier*.
(2) Eccl.. iv, 1.
(3) Isaïe, lx. 9.

et il ne pouvait s'empêcher de penser que, tant qu'il n'aurait pas répondu à cet appel, il n'aurait pas fait, de ses forces et de sa vie, l'emploi que Dieu voulait qu'il en fît.

Ces nobles sentiments, ces beaux et saints désirs, qui entraînaient notre Bienheureux à se dévouer au salut des infidèles, ne sont plus nouveaux à nos yeux. Sans doute, nous les admirons, et nous en sommes émus toutes les fois qu'ils se révèlent à nous, dans un de ces jeunes apôtres auxquels ils inspirent les plus généreux sacrifices. Mais ils sont, aujourd'hui, des milliers, ceux qui obéissent à cette divine impulsion. Il y eut un jour, cependant, où les pensées qui les animent apparurent, dans le monde, comme une grande nouveauté. Il ne sera pas inutile de nous y reporter. Nous comprendrons mieux notre Bienheureux, et l'empire que ce double et surnaturel amour, dont nous avons parlé, avait dû prendre sur lui, quand nous saurons d'où il lui venait et qui le lui avait mis au cœur. Nous comprendrons mieux aussi la beauté de sa mission, et la place privilégiée qu'il occupait dans les desseins de Dieu, quand nous aurons vu naître et se développer, au sein de l'Eglise, une des œuvres les plus grandioses dont elle s'honore, et à laquelle il devait, à son tour, se trouver associé.

C'est Jésus-Christ qui a, le premier, apporté sur la terre l'idée du vrai prosélytisme religieux. Avant qu'il eût envoyé ses apôtres aux quatre vents du ciel, il n'était venu à l'esprit de personne de quitter sa patrie pour aller propager sa religion au dehors, et gagner à son Dieu des adorateurs étrangers. Il y avait là quelque chose de si nouveau et de si imprévu, de si contraire à l'état des esprits, non seulement chez les païens qui regardaient les religions comme des biens de famille, qui voyaient, dans leurs cultes divers et presque dans chacune de leurs divinités, le patrimoine et le privilège exclusif d'une race ou d'une cité, et qui auraient cru manquer au devoir autant qu'à l'intérêt, en partageant leurs croyances et leurs célestes protecteurs avec les villes ou les peuples voisins; mais aussi chez les Juifs qui pensaient que Dieu ne voulait être que le Dieu des Juifs, qu'il n'y avait qu'un peuple élu, seul héritier des promesses du Seigneur, il y avait là, dis-je, quelque chose de si extraordinaire et inattendu, que le divin Maître, dans sa miséricordieuse pitié et dans ses ménagements infinis pour la faiblesse des hommes, se proportionnant en quelque sorte, comme autrefois son prophète, à leur taille, et pour éviter de heurter de front les idées établies, ne fait paraître que peu à peu cette lumière nouvelle, meilleure et plus pure, qui doit éclairer les âmes et leur révéler qu'elles ont toutes des droits égaux à la possession de la vérité et à l'amour de Dieu. Dans les premières instructions qu'il donne à ses apôtres, il limiet leurs travaux à ce qu'ils peuvent tenter d'abord avec succès, et il leur dit : « N'allez point vers les Gentils ; n'entrez dans aucune ville des Samaritains (1). » Au début de leur ministère, il désire qu'ils réservent les premiers efforts de leur zèle pour les brebis perdues d'Israël. Mais, à mesure qu'il avance lui-même vers le terme de sa carrière et de son œuvre, il soulève peu à peu le voile, et fait pressentir les déclarations formelles des derniers jours, et la grande mission qu'il doit leur donner avant de les quitter. Une première fois, comme il entrait dans Capharnaüm, un centenier, un païen vient à lui et le prie en ces termes : « Seigneur, mon serviteur est malade dans ma maison, et il souffre cruellement. — J'irai, répond Jésus, et je le guérirai.

(1) Matth., x, 5, 6.

— Seigneur, reprend cet homme, je ne suis pas digne que vous entriez sous mon toit; mais dites seulement une parole et mon serviteur sera guéri. » Ce que Jésus ayant ouï, il fit paraître son admiration et dit à ceux qui le suivaient : « En vérité, je vous le dis, je n'ai pas trouvé une si grande foi en Israël. Aussi, je vous déclare que beaucoup viendront de l'Orient et de l'Occident, et prendront place, avec Abraham et Isaac et Jacob, dans le royaume des cieux (1). » Un autre jour, auprès de la ville de Sichar et du puits de Jacob, Jésus s'entretenait avec une femme de Samarie, venue là pour puiser de l'eau. Cette femme lui dit : « Seigneur, je vois que vous êtes un prophète. Nos pères ont adoré sur cette montagne, et vous dites, vous, hommes de Judée, qu'à Jérusalem est le lieu où il faut adorer. » Jésus lui répondit : « Femme, l'heure approche où vous n'adorerez plus le Père, ni sur cette montagne, ni à Jérusalem. L'heure vient, et elle est déjà venue, où les vraies adorateurs adoreront le Père en esprit et en vérité (2) », c'est-à-dire dans tous les lieux du monde. Voilà bien ces deux grandes pensées, ces deux grands

(1) Matth, viii, 5-11.
(2) Joann., iv, 5-23.

sentiments, que nous révélaient tout à l'heure l'esprit et le cœur des missionnaires de l'Evangile, l'esprit et le cœur de notre Bienheureux : d'une part, l'amour des âmes, qui, les sachant toutes issues de la même origine, et destinées à la même fin, va les chercher sur les rives les plus éloignées, pour les rassembler toutes dans l'arche du salut, et les conduire sûrement au port ; de l'autre, l'amour de Dieu, l'amour du Père, dont la gloire demande que son nom soi partout connu, et sa majesté partout révérée.

Jésus-Christ ne franchit pas les mers ; il ne va pas lui-même chez les peuples barbares, pour y convertir des âmes et y élever des autels à son Père. Non, mais il meurt, et il meurt pour tous les hommes : *Et pro omnibus mortuus est Christus* (1) ; et, après sa résurrection, adressant à ses apôtres ses derniers adieux, ses suprèmes recommandations, et leur enseignant l'usage qu'ils doivent faire des fruits de sa mort, il leur dit : *Euntes in universum mundum, prædicate Evangelium omni creaturæ* (2) : « Allez dans l'univers entier, et prèchez l'Evangile à toute créature. »

(1) S. Paul, II Cor., v, 15.
(2) Marc, xvi 15.

Or, **cette** parole est la parole de Dieu, la parole qui opère tout ce qu'elle dit, et crée tout ce qu'elle annonce, dont lui-même avait affirmé qu'elle atteint toujours son but et ne lui revient jamais vaine et sans effet : *Verbum meum non revertetur ad me vacuum* (1); c'est la parole de celui qui avait dit aux mêmes apôtres, quarante jours auparavant : « A tous ceux à qui vous remettrez leurs péchés, leurs péchés leur seront remis, en effet (2) »; et qui, ce jour-là, avait déposé dans le monde, et confié aux mains de l'Eglise, un pouvoir que nul homme n'avait exercé jusqu'alors, et en vertu duquel, jusqu'à la fin des siècles, les âmes seront purifiées, affranchies de leurs liens, rendues à la paix et à tous les droits de l'innocence; c'est la parole de Celui qui avait dit, étant assis à table avec les douze apôtres, et leur présentant le pain qu'il venait de bénir : « Ceci est mon corps, et maintenant, ce que je viens de faire, faites-le, à votre tour, comme moi et en mémoire de moi (3) »; et de même qu'aux

(1) Isaïe, LV, 1I.

(2) *Quorum remiseritis peccata, remituntur eis.* Joann. **xx**, 23.

(3) *Hoc est corpus meum... : hoc facite in meam commemoration em.* Luc, **xxii**, 19.

premiers jours du monde (c'est la remarque de saint Jean Chrysostome), ces mots : « Croissez et multipliez-vous sur la terre (1) », prononcés une seule fois, donnèrent pour toujours à la nature humaine la puissance de la fécondité, de même cette auguste parole, sortie une fois de la bouche du Sauveur, et répétée maintenant et à jamais sur tous les autels de l'Eglise, ne cessera plus de changer les pains du sacrifice au corps du divin consécrateur, « dont la voix est toute-puissante et opère des prodiges » : *Vox Domini in virtute, vox Domini in magnificencia* (2).

N'est-elle pas prodigieuse, en effet, l'action qu'ont eue dans le monde ces trois mots : « Prêchez l'Evangile à toute créature » ? Non seulement, ils contenaient une pensée, une révélation, absolument divines, et auxquelles on ne saurait découvrir aucune filiation, aucune origine philosophique ou humaine, non seulement ils éclairaient d'une nouvelle lumière, et, on peut le dire, agrandissaient singulièrement l'esprit des apôtres, mais ils suscitaient un sentiment nouveau dans leur cœur, ils commu-

(1) Gen., 1, 28.
(2) Psalm., xxviii. 4.

niquaient une nouvelle grâce à leur âme : « Nous avons reçu de Jésus-Christ, dira bientôt saint Paul, la grâce et la mission de l'apostolat, pour faire obéir à la foi tous les peuples. » *Per quem accepimus gratiam et apostolatum ad obediendum fidei in omnibus gentibus* (1). C'est qu'en effet, lorsque Dieu appelle quelqu'un à remplir une mission dans son Eglise, il ne se borne pas à lui donner un ordre, à lui conférer un titre, à la manière des pouvoirs humains, qui disposent des charges, des dignités, mais ne sauraient communiquer en même temps les talents ou les vertus qu'elles demandent. Dieu, quand c'est lui qui choisit, attache à la grâce de la vocation celle des aptitudes, des inclinations, des sentiments nécessaires pour y correspondre avec fruit. Aussi, à l'instant où le Sauveur dit à ses apôtres d'aller annoncer l'Evangile aux nations, sous l'action de cette parole, leur âme s'ouvre à des pensées, à des affections nouvelles, qui, les portent vers ces frères inconnus, dont ils auront désormais à répondre. Encore quelques jours, et ils seront investis d'une grâce toute-puissante, qui leur est dès maintenant préparée, et qui, éclairant leur

______

(1) Rom., I. 5.

esprit, échauffant leur cœur, les rendra capables de tout entreprendre, de tout affronter et de tout souffrir, pour suivre l'impulsion qu'ils ont reçue d'en haut : *Accipietis virtutem supervenientis Spiritus Sancti in vos, et eritis mihi testes... usque ad ultimum terræ* (1).

Depuis lors, cette victorieuse et surnaturelle impulsion n'a jamais cessé de se faire sentir dans l'Eglise. Le premier siècle de l'ère chrétienne n'était pas encore entièrement révolu, déjà le pape saint Clément ne craignait pas d'avancer que toutes les nations étaient venues tour à tour apporter l'hommage de leur foi au Christ vainqueur : *Omnes gentes per gyrum crediderunt Christo Domino* (2).

Sans doute, il nous semble aujourd'hui bien restreint, le cercle qui enfermait toutes ces nations, dont parle le saint Pontife. Mais, à mesure que le globe sera mieux connu, à mesure qu'on apprendra, qu'on soupçonnera même l'existence de quelque nouveau peuple, des hommes se lèveront, à la voix du divin Maître ; ils quitteront tout, et ils iront reculer les bornes du royaume de la vérité et porter plus loin l'Evangile. Au

(1) Act., 1. 8.
(2) Brev. Roman., 23 novembre.

sixième siècle, on vit un jour s'ouvrir les portes d'un monastère qui s'élève encore à Rome, sur les pentes du mont Aventin. Quelques hommes, vêtus de l'habit des moines, et portant sur leur front la trace des religieuses émotions qui les agitent, paraissent sur le seuil, prêts à le franchir. Depuis des années, ces hommes s'étaient retirés du monde qu'ils redoutaient ; depuis des années, ils avaient à peine osé dépasser les limites de leur pieux asile ; et les voilà qui s'éloignent de Rome, de l'Italie, et s'en vont chercher, à travers des chemins inconnus, une île perdue dans les mers du Nord, et récemment envahie, leur a-t-on dit, par des peuplades encore idolâtres. Un peu auparavant, leur fondateur et leur chef, qui avait été élevé, dans l'intervalle, sur la chaire de saint Pierre, et portait le nom de Grégoire Ier, traversait le Forum, voisin du palais des Anicius, ses ancêtres, où il avait abrité ses religieux : son attention fut attirée par la physionomie angélique de trois enfants étrangers, qu'il voyait exposés en vente. Il s'approche des jeunes esclaves, apprend qu'ils appartiennent à la race des Angles, qu'ils sont venus de la Grande-Bretagne, et qu'ils sont païens, eux et tous leurs compatriotes. C'en fut assez pour faire naître dans l'âme de **Grégoire** le projet d'une nouvelle conquête au profit de la foi, et, n'ayant pu, malgré ses vœux et une tentative d'exécution, y travailler par lui-même, il l'accomplit maintenant par son disciple Augustin et quarante de ses frères, qui s'en vont, sans hésiter et sans rien craindre, parce qu'ils ont entendu l'irrésistible appel de Celui qui a dit aussi dans l'Evangile : « Il faut qu'avant la consommation des siècles, vous ayez prêché ma doctrine dans l'univers entier, et que vous m'ayez rendu témoignage devant tous les peuples » : *Et prædicabitur hoc Evangelium regni in universo orbe, in testimonium omnibus gentibus; et tunc veniet consummatio* (1).

Et c'est l'œuvre qui se poursuit encore aujourd'hui, et qui sera l'une des gloires du pontificat de Léon XIII. A la voix du vénéré successeur de Grégoire-le-Grand, et sous sa puissante bénédiction, de nouvelles missions catholiques germent de toutes parts, tandis que les anciennes ne cessent de croître et de fleurir de plus en plus. Dans tous ces vastes champs, où la moisson semble s'étendre comme à l'infini, de gran-

(1) Matth., xxiv, 14.

des et illustres familles religieuses, les unes exclusivement appliquées à cet admirable labeur, les autres qui le comptent parmi les ministères qu'elles ont le plus à cœur, envoient, en ce moment, par milliers, les ouvriers évangéliques. Au nombre de celles qui sont au premier rang, il n'est que juste de citer cette Congrégation que son saint Fondateur et notre Bienheureux lui-même ne voulaient appeler que la « Petite Compagnie », et dont on a pu dire, de nos jours, que, pour suivre les traces de ses missionnaires, il faut faire avec eux le tour du monde. L'esprit apostolique en fut toujours le caractère distinctif, car, suivant la pensée de saint Vincent de Paul, le zèle qui fait les apôtres n'est que la flamme de ce foyer qui s'appelle la Charité. Ce grand saint en était lui-même tout embrasé, et, dans son extrême vieillesse, on l'entendait dire encore, lorsqu'il exhortait ses premiers disciples à se sacrifier pour leurs frères : « Et moi-même, quoique vieux et caduc, je ne dois pas laisser de me tenir dans la disposition de m'en aller aux Indes, pour y gagner des âmes à Dieu, encore que je dusse mourir par le chemin. »

On pourrait croire que, trouvant dans les maîtres de sa jeunesse de dignes héritiers des vertus et de l'esprit de saint Vincent, notre Bienheureux conçut, comme naturellement, la pensée et le désir de se consacrer à ce noble ministère des missions lointaines, qui devait attirer son cœur généreux et ardent. Mais Dieu, dont la main est si visible dans sa vie tout entière, et en particulier dans la naissance et le développement de sa vocation sacerdotale, voulut aussi que sa vocation apostolique parût entourée de tous les signes de l'élection et de l'appel d'en haut. Sans doute, et ce fut encore, nous le verrons bientôt, par une permission et par une conduite toutes providentielles, la faiblesse de sa santé put faire hésiter longtemps ses supérieurs. Lui-même n'hésita jamais. Il avait entendu trop distinctement la voix du divin Maître, la voix qu'avaient ouïe les apôtres, au pied de la montagne de l'Ascension, et qui lui arrivait, après dix-huit siècles, aussi vivante, aussi forte, aussi efficace qu'au premier jour. C'était avant même qu'il eût été admis aux épreuves qui devaient le conduire à l'émission de ses vœux. A peine arrivé à Montauban, il avait entendu un sermon sur le zèle apostolique, au sortir duquel il n'avait pu s'empêcher de dire : « Moi aussi, je veux être missionnaire. »

5.

Son oncle sourit alors de ce dessein; mais lui, trop profondément remué pour y renoncer sur-le-champ, et craignant cependant de se tromper sur la volonté de Dieu à son égard, il commença une neuvaine en l'honneur de saint François-Xavier : il l'avait à peine achevée, que Dieu lui fit connaître qu'il irait annoncer son saint Nom aux idolâtres de la Chine. Dès lors, il n'a plus autre chose en vue que de se rapprocher, autant qu'il dépend de lui, du but qu'il est de son devoir d'atteindre, et où il veut arriver, à tout prix. C'est pour cela qu'il vient frapper à la porte de la Congrégation de la Mission; c'est pour cela qu'il désire entrer dans les ordres : « J'avais cette vocation, dira-t-il un jour, avant d'être missionnaire; je ne suis entré que pour cela à Saint-Lazare ; » et plus tard, quand il sera enfin au comble de ses désirs, et qu'il aura obtenu la permission de s'embarquer pour l'extrême Orient: « Quand Dieu daigna me donner la vocation à l'état ecclésiastique, écrira-t-il à son oncle, le principal motif qui me détermina à répondre à sa voix, fut l'espoir de pouvoir prêcher aux infidèles la bonne nouvelle du salut; » et il ajoutera : « L'idée seule des Missions, de Chine surtout, a toujours fait palpiter mon cœur. »

Quand on est sûr à ce point d'être dans la voie tracée par Dieu, on n'en peut être détourné par la vue des sacrifices qu'il faut faire pour la suivre jusqu'au bout. Cet apostolat, auquel notre Bienheureux aspire avec une si pieuse impatience, et dont la seule pensée le faisait ainsi tressaillir jusqu'au fond de l'âme, il le sait, c'est celui auquel furent appelés les premiers disciples du Sauveur, et qu'ils ne purent exercer qu'après avoir tout quitté. Il sait que c'est celui où fut appelé saint Paul, dont l'âme tout apostolique éprouvait toutes les hésitations, souffrait toutes les angoisses de cette sublime alternative qu'il a si admirablement décrite dans son épître aux Philippiens. Le grand Apôtre souhaite d'être, au plus tôt, dégagé des liens de la chair, et d'aller rejoindre Jésus-Christ; c'est de beaucoup ce qu'il y a de meilleur pour lui : *multo magis melius;* mais, s'il reste sur la terre, il pourra travailler encore au salut des âmes qui ont besoin de lui : *permanere autem in carne, necessarium propter vos* (1) : l'intérêt de ces âmes tient en suspens son désir de voir Dieu et d'entrer en possession d'une récompense immédiate

____

(1) Philip., 1, 23 et sq.

et certaine, et il consent à voir se prolonger son exil.

C'est une patrie aussi que notre futur missionnaire devra sacrifier à sa vocation et à ses devoirs d'apôtre, une patrie, terrestre et passagère, il est vrai, mais dont l'amour a été ennobli, consacré par Jésus-Christ lui-même, qui a voulu le ressentir et nous en montrer l'exemple, qui a versé des larmes si douloureuses sur les ruines prochaines de Jérusalem, et a dicté au plus chéri de ses évangélistes cette remarque, qu'en mourant pour tous les hommes, il **avait** eu un souvenir, une pensée spéciale pour ses concitoyens : *Moriturus erat pro gente* (1); une patrie qu'un cœur religieux ne peut regarder avec indifférence, car c'est sur ce sol privilégié que nous avons tous appris, comme on l'a si bien dit, à balbutier pour la première fois ces trois mots : « Mon père, ma mère, mon Dieu! » une patrie, à laquelle il tenait par tant de liens doux et forts, que l'éloignement ne put affaiblir, et qui, de cette terre de Chine que son zèle avait adoptée, ramenait souvent sa pensée au milieu de ceux qu'il vénérait comme des pères ou qu'il

(1) Joan., xi, 51.

aimait comme des frères et des enfants. A peine
arrivé à Macao, il écrit au digne confrère qui
lui a succédé en qualité de directeur du séminaire interne de Paris, et il nous révèle toute la
délicatesse et la pieuse sensibilité de son cœur,
dans ces lignes si gracieuses et si touchantes :
« Lorsque, au jour le plus mémorable de notre
vie, Notre-Seigneur daigna nous associer à son
divin sacerdoce, il mit sur nos cœurs le sceau d'une
éternelle union... Cette sainte amitié, que l'ordination et la qualité de confrère avaient rendue si
parfaite, une autre circonstance devait l'accroî-
tre encore en moi. Je veux dire que vous m'êtes
devenu plus cher que jamais, depuis que je vois
en vous le père de mes enfants spirituels, pour
lesquels Notre-Seigneur m'avait donné tant de
tendresse. »

Mais il est d'autres affections, plus profondément enracinées encore dans le cœur de l'homme, où elles ont précédé toutes les autres : ce
sont les affections de la famille. Le Sauveur a
voulu aussi les partager avec nous, pour les
sanctifier dans sa personne ; il a voulu venir au
monde sous les traits et avec la faiblesse de
l'enfance, afin d'avoir une mère et de lui donner
son premier regard, comme il lui donnera un

jour sa dernière parole. Aussi, ses vrais disciples ne seront pas de ceux dont saint Paul a dit qu'ils ne savent pas aimer, *sine affectione* (1). Combien notre Bienheureux affectionnait et chérissait les siens, il nous suffira, pour le comprendre, de nous rappeler ces lignes qu'il adressait à son frère Louis, au moment où celui-ci, lui frayant, pour ainsi dire, le chemin, allait s'embarquer pour la Chine : « J'éprouve d'une manière bien sensible, lui écrit-il, la vérité de ce que dit saint Augustin, que l'on ne connaît jamais mieux l'attachement qu'on peut avoir pour quelqu'un, que lorsqu'on en est séparé. Je ne puis vous voir vous éloigner sans émotion et sans larmes; » il nous suffira de nous rappeler surtout ce que, quelques mois plus tard, il écrivait à son oncle qui venait de lui apprendre que ce frère, si tendrement aimé, n'était plus, et qu'il ne le reverrait jamais ici-bas : « Mon très cher oncle, oh! non, vous ne pouviez pas avoir à m'annoncer une nouvelle plus affligeante que celle de la mort de Louis. Qu'avais-je de plus cher parmi les hommes, que ce pauvre frère? Je

(1) II Tim., iii, 3.

suis inconsolable. Mon cœur est déchiré; des ruisseaux de larmes ne cessent de couler de mes yeux; j'en arrose tous les jours les autels et le dernier signe de tendresse que m'a donné ce cher frère : la lettre qu'il m'écrivit de l'île Bourbon, peu de jours avant sa mort. »

Mais il savait qu'il avait un autre frère, un autre père que ceux qu'il tenait de la nature : un père, de qui il avait reçu bien réellement la vie, car il avait créé de rien son âme, au moment où elle avait été unie à son corps; un frère qui, tout Dieu qu'il était, s'était fait semblable à lui, par amour pour cette âme qu'il voyait captive sous les chaînes du démon, et qui l'avait rachetée à grand prix et payée de tout son sang. Quoi d'étonnant que ce frère, ce Sauveur, ce Maître qui avait tant de droits sur lui, sur tout son être et sur toute sa vie, lui dit : « Celui qui aime son père et sa mère plus que moi, n'est pas digne de moi » : *Qui amat patrem, aut matrem plus quam me, non est me dignus* (1). Combien il avait compris cette grande et toute divine parole, et combien il s'y soumettait, sans rien perdre de sa tendresse et de sa pieuse reconnaissance pour

______

(1) Matth., x, 37.

ses parents, il le fit bien voir lorsque, s'éloignant de sa province et se rendant à Paris, il s'arrêta un jour ou deux, à Cahors, à quelques heures à peine de son pays natal, de ce petit hameau du Puech, qui est maintenant un lieu illustre dans les annales de l'Eglise, et dont on peut bien dire que, grâce à son bienheureux enfant, il sera désormais connu à l'égal des plus grandes cités. *Nequaquam minima es in principibus Juda* (1). Ses parents étaient venus pour le voir, durant son séjour dans cette ville. Sa mère ne pouvait se décider à le quitter; lorsqu'elle l'accompagnait dans les rues de Cahors, elle ralentissait le pas, pour le voir, pour l'entendre plus longtemps, et retarder un peu le moment de la séparation; elle se plaignait doucement de ce qu'il marchait trop vite : « Ma bonne mère, répondait-il, il faut bien nous accoutumer à nous passer l'un de l'autre; vous savez que le bon Dieu m'appelle à lui; il faut commencer à nous quitter. » On aurait bien voulu l'attirer jusqu'au Puech, et le posséder, quelques heures seulement, dans cette maison qu'il avait embaumée des vertus de son enfance et qui était si près de lui. De temps en temps, on lui montrait la route

(1) Matth., ii, 6.

qui y conduisait : « Ce n'est pas, disait-il alors, le chemin du ciel; pour aller au ciel, il faut faire des sacrifices. »

Des sacrifices! ne peut-on pas dire qu'il les avait déjà tous accomplis, dans son cœur, celui qui s'exprimait ainsi, en cachant ses larmes et en maîtrisant avec peine sa profonde émotion? Et lui, ne pouvait-il pas, se tournant vers ce Maître adorable, qui l'appelait et qu'il voulait suivre, lui dire dès lors et en toute vérité : « Seigneur, j'ai tout quitté, pour venir à vous (1); me ferez-vous encore attendre longtemps la récompense, c'est-à dire ces âmes (2) que j'ai entrevues là-bas, à travers les mers et les espaces, et que vous m'avez promis de me donner un jour ? »

Mais, précisément parce qu'il est déjà si admirablement préparé, parce qu'il est déjà une hostie si pure et si parfaite, Dieu veut le purifier et le perfectionner davantage par l'épreuve. Telle est la fragilité de sa santé que, durant de longues années, ses supérieurs se refusent à le croire appelé au pénible ministère des missions

(1) Matth., xx, 27 : *Ecce nos reliquimus omnia, et secuti sumus te : quid ergo erit nobis?*
(2) Gen., xix, 21 : *Da mihi animas.*

étrangères. Lorsqu'il sera à la veille d'obtenir enfin leur adhésion, il pourra dire, en se reportant au jour où, pour la première fois, le ciel lui avait si clairement révélé son avenir : « Voilà quatorze ans que je demande à aller en Chine. » Durant ces quatorze ans, il ne lui arriva pas une seule fois de se plaindre. Mais il s'humiliait, et, voyant dans la volonté de ses supérieurs la volonté même de Dieu, il n'attribuait qu'à ses fautes l'attente qui lui était imposée et qui sembla, pour un moment, devoir se prolonger toujours. Quand son frère Louis lui annonça son dessein d'aller évangéliser les infidèles : « Je crains beaucoup, lui répondit-il, d'avoir étouffé, par mon infidélité à la grâce, les germes d'une vocation semblable à la vôtre. » Le seul moyen qu'il se permît d'employer pour réagir contre l'opposition qui était faite à ses désirs, et pour hâter l'accomplissement de ceux-ci, c'était la prière : « Priez, disait-il encore, dans la même lettre, à son frère; priez Dieu qu'il me pardonne mes péchés, qu'il me fasse connaître sa volonté, et qu'il me donne la force de la suivre. »

Il était encore dans ces dispositions, et se trouvait à la tête du noviciat de la maison-mère, quand il apprend, dans les premiers mois de l'année 1835, que plusieurs missionnaires de sa Congrégation vont partir pour la Chine. Aussitôt, comme mû par une inspiration soudaine, il va trouver le supérieur général, se jette à ses pieds, et le conjure, en pleurant, de lui permettre d'accompagner ses heureux confrères. Mais il fallait que le doigt de Dieu se montrât jusqu'à la fin, et qu'on fût forcé de reconnaître que Lui seul avait tout conduit. Le vénérable supérieur consulte son conseil; une voix, une seule, mais des plus influentes, se prononce en faveur de notre Bienheureux. Il est décidé qu'on s'en rapportera à l'avis du médecin. Celui-ci déclare que déférer aux vœux de M. Perboyre serait la plus manifeste imprudence, et que lui permettre de s'embarquer serait l'exposer à une mort presque certaine et des plus promptes. Tout semblait fini, et pour jamais. Notre Bienheureux ne se décourage pas. C'était la veille de la fête de la Purification de la très sainte Vierge. Il supplie, avec larmes, sa bonne Mère du Ciel, de ne pas l'abandonner. Le soir même et durant toute la nuit, le médecin est poursuivi par le souvenir de sa décision, qui lui paraissait si motivée au moment où il l'avait donnée, et qu'il trouve maintenant plus que douteuse. Ses scrupules, ses agitations ne prennent fin que lorsqu'il s'est résolu à la rétracter au plus tôt. Dès le point du jour, il court à Saint-Lazare, avoue qu'il s'est trompé, et affirme que le voyage projeté, loin de mettre en danger la vie de M. Perboyre, ne pourra qu'améliorer sa santé.

Autant le Bienheureux avait été patient et résigné durant les jours de l'épreuve, autant on le vit humble, calme, soucieux de se cacher et de disparaître, lorsqu'une fois il se trouva en possession de l'objet de sa longue attente. C'est par la prière et dans la retraite qu'il se préparait au grand jour du départ.

Lorsque ce jour fut venu, et qu'il se rendit auprès de ses séminaristes pour leur faire ses adieux, on vit se renouveler une des scènes les plus touchantes de la vie de saint Vincent de Paul, dont, en vérité, on croirait quelquefois refaire l'histoire, en essayant de raconter celle de son glorieux enfant. Nous savons, en effet, qu'un jour saint Vincent de Paul exhortant ses prêtres à la charité qui supporte avec indulgence les défauts du prochain, l'humble vieillard se mit à genoux et dit, avec un accent qui arracha des larmes à ceux qui l'entouraient : « Et parce que j'ai besoin, plus que qui que ce soit, que la Compagnie me supporte, à cause de tant de misères que je sens en moi, je vous prie, mes frères, de me vouloir continuer votre charité, et de me pardonner le passé. » M. Perboyre venait de monter dans sa chaire, et commençait à parler ; tout à coup une pensée s'empare de son esprit et ne lui permet plus de continuer : ce ne sont pas des adieux qu'il doit faire ; ce ne sont pas des conseils qu'il doit adresser, avant de les quitter, à ces jeunes gens qui l'écoutent : il abandonne la chaire, vient se prosterner au milieu de la salle, et demande pardon à ses novices des infidélités et des négligences dont il s'est rendu coupable, et des mauvais exemples qu'il dit leur avoir donnés.

Mais ses confrères allaient lui répondre, l'instant d'après, dans la cour d'entrée où ils s'étaient tous réunis, le vénérable supérieur général à leur tête, et où leur estime, leur vénération pour un si parfait et si saint missionnaire, leur admiration pour l'héroïque générosité de son sacrifice, se montrèrent assez dans leur empressement à s'approcher de lui, à se recommander à ses prières, à l'embrasser au milieu de leurs larmes, comme autrefois les prêtres d'Éphèse se pressaient autour de saint Paul, et se jetaient au cou de l'Apôtre, en pleurant, parce qu'ils savaient qu'ils ne devaient plus le revoir (1) : *Et procumbentes super collum Pauli, osculabantur eum, dolentes... quoniam amplius faciem ejus non essent visuri.*

Quelques jours après, il est au Havre; et, en le voyant monter sur le navire, lui et les pieux missionnaires qui l'accompagnent, puis s'éloigner peu à peu, gagner la pleine mer, et disparaître à l'horizon, nous pouvons dire, empruntant les paroles du Prophète : *Ite, angeli veloces, ad populum terribilem, ad gentem expectantem et conculcatam* (2) « Allez, anges de Dieu, volez vers ces nations que le démon tient sous le joug, *ad gentem conculcatam*; où beaucoup vous attendent pour être délivrés, *ad gentem expectantem*, mais où beaucoup aussi ne répondront aux efforts de votre zèle, que par l'indifférence, le mépris, les plus barbares traitements, *ad populum terribilem*, et où va s'ouvrir devant vous une nouvelle carrière de sacrifices et d'épreuves. »

(1) Act., xx. 37, 38.
(2) Isaïe, xviii, 2.

II

Lorsque saint Paul, dans une page célèbre où il semble tracer, en quelques lignes, l'histoire anticipée des apôtres des pays infidèles, énumère les travaux, les souffrances, les dangers qu'il a lui-même traversés et qui lui permettent de revendiquer, à juste titre, le nom et la qualité de ministre du Christ, il parle des périls qu'il a courus sur mer, *periculis in mari* (1). C'est par là qu'il plut à la Providence que notre Bienheureux abordât, si je l'ose dire, l'apprentissage de la vie du missionnaire.

La traversée avait cependant commencé sous les plus favorables auspices, et tout faisait augurer, au début, le plus heureux et le plus tranquille voyage. Notre saint missionnaire voyait à peine disparaître à ses yeux les côtes de France : « Un souvenir tendre et paisible, comme une pensée qui descend du ciel, dit-il, préoccupa tout à coup mon esprit. C'était le souvenir que, il n'y a pas encore cinq ans, mon cher frère Louis s'était embarqué au même

(1) II Cor., xi, 23 et qs.

port pour faire le même **voyage**; j'aimais à le considérer, marchant devant moi, et m'indiquant le chemin que je devais suivre. Hélas! comme l'étoile qui guidait les Mages, il a disparu **au** milieu de la route. » Belle et radieuse étoile, en effet, que l'âme de ce frère bien-aimé! L'Esprit-Saint ne lui avait-il pas marqué d'avance sa place au firmament des élus et des héros du zèle apostolique, lorsqu'il avait dit par la bouche du prophète Daniel : *Qui docti fuerint, fulgebunt quasi splendor firmamenti; et qui ad justitiam erudiunt multos, quasi stellæ in perpetuas æternitates* (1). « Ceux qui auront appris des autres la sainte doctrine, luiront comme la splendeur du firmament », c'est-à-dire, ajoute Bossuet (2), « par réflexion de la lumière des astres; mais ceux qui l'auront enseignée eux-mêmes paraîtront comme des étoiles durant toute l'éternité », c'est-à-dire « comme des astres brillants, comme des sources d'une lumière vive et immortelle. » Mais Louis n'est plus seul aujourd'hui; Jean-Gabriel a vu s'accomplir le vœu qu'il formait, en écrivant à la suite des lignes que nous citions tout à l'heure : « Oh! de quelle

(1) Daniel, xii. 3.
(2) Bossuet, *Panégyrique de sainte Catherine.*

grande joie ne me réjouirai-je pas, lorsque je le reverrai brillant d'une nouvelle clarté, et me montrant où est le divin Jésus ! » Et maintenant, les deux étoiles brillent de concert, et ensemble elles guident les nouveaux apôtres que leur exemple a suscités, et leur montrent le chemin du sacrifice, de l'apostolat fécond pour les âmes et de la béatitude éternelle.

Sous la conduite et sous la protection de son cher frère, notre Bienheureux et ses compagnons continuaient paisiblement leur route : « Une bonne et puissante brise, dit-il, nous emportait comme une nuée légère. » Déjà, ils avaient passé « le milieu fatal de la ligne, où l'on découvre un ciel nouveau (1) »; déjà, ils avaient doublé le Cap de Bonne-Espérance, et trouvé, dans ces parages, « qu'on leur avait dépeints comme si redoutables, une mer toute calme et aussi bénigne que parmi les Canaries ». Mais, voici que, le 31 mai, au milieu de l'océan Indien, à peu de distance de l'île d'Amsterdam, l'horizon se couvre et le ciel s'obscurcit, une espèce de mugissement sourd et continu gronde au loin, comme l'annonce d'un événement sinistre, puis

____

(1) **Fénelon,** *Sermon pour le jour de l'Epiphanie.*

un vent impétueux s'élève, et la tempête se déchaîne avec tant de fureur, que le capitaine du navire, qui depuis trente-six ans tenait la mer, n'avait jamais rien vu d'aussi terrible. Durant douze heures entières, de six heures du matin jusqu'à six heures du soir, la tourmente sévit dans sa plus grande intensité. « Des lames énormes, raconte le Bienheureux, montaient jusqu'au dessus des hunes, et s'abattaient sur le pont, où elles roulaient, d'un bord à l'autre, tout ce qui n'était pas solidement amarré... Les hautes montagnes, formées par des vagues écumantes qui, à chaque instant, s'élevaient presque à pic devant et derrière nous, en nous enfermant dans de profonds abîmes, étaient tout à la fois effrayantes et admirables, et nous ne pouvions nous empêcher de nous écrier avec le Prophète : *Mirabiles elationes maris, mirabilis in altis Dominus* (1) : « Les soulèvements de la mer sont admirables, mais plus admirable encore est le Seigneur dans la hauteur des cieux. » Vers le soir, au milieu des cris de détresse, les huit missionnaires que portait le vaisseau, se mirent à réciter, en commun, les litanies de la sainte

(1) Ps. xcii, 4.

Vierge et l'*Ave maris stella* : ils priaient encore, que déjà la tempête s'apaisait peu à peu; ils purent aussitôt commencer le cantique d'action de grâces, et chanter avec le Psalmiste : *Ipsi viderunt opera Domini, et mirabilia ejus in profundo* (1) : « Ils ont été témoins des œuvres du Seigneur, ils ont vu les merveilles qu'il opère, dans les profondeurs de la mer. » *Dixit, et stetit spiritus procellæ, et exaltati sunt fluctus ejus. Ascendunt usque ad cælos, et descendunt usque ad abyssos* : « Le Seigneur parle et la tempête survient, les flots s'élèvent; ils montent jusqu'aux cieux et descendent jusque dans les abîmes. » *Et clamaverunt ad Dominum cum tribularentur; et de necessitatibus eorum eduxit eos. Et statuit procellam ejus in auram, et siluerunt fluctus ejus* : « Ils ont crié vers le Seigneur dans les tribulations. et il les a délivrés de tous leurs dangers. Il a changé la tempête en un vent doux, et les flots de la mer se sont tus. » *Et lætati sunt quia siluerunt : et deduxit eos in portum voluntatis eorum* : « Alors, ils se sont réjouis à cause de ce silence, et il les a conduits au port de leurs désirs. »

Ce port, notre Bienheureux allait bientôt y

______

(1) Ps. cvi, 24 et sq.

toucher, en effet ; et il semble que Dieu **ait** permis cette dernière épreuve, pour marquer, une fois de plus, que c'était bien lui qui menait son apôtre par la main, et que les éléments pas plus que les hommes, ne pouvaient lui ravir la palme que le Ciel lui avait si visiblemt destinée. Au plus fort de la tempête qu'il essuya en se rendant à Rome, tandis que passagers et matelots, ayant perdu tout espoir de salut, se désolent autour de lui, saint Paul est calme et tranquille ; mais ce n'est pas seulement parce qu'il se remet, avec la résignation du chrétien, entre les mains de Celui qui est le maître des orages aussi bien que de la vie de l'homme : c'est que l'ange de Dieu, de ce Dieu auquel il appartient et qu'il sert *(angelus Dei, cujus sum ego, et cui deservio)* (1), lui est apparu durant la nuit, l'assurant qu'il n'a rien à craindre, qu'il doit comparaître devant César et que ses compagnons de voyage auront la vie sauve à cause de lui. Le Dieu de saint Paul est aussi le Dieu de notre Bienheureux, qui s'est donné à lui et dévoué à son service ; non seulement il le préserve de la fureur de ces flots qui semblaient prêts à l'engloutir, mais on dirait

(1) Act., xxvii, 23.

volontiers qu'il lui a révélé, par son ange, que le navire qui le porte, lui et l'espoir de tant d'âmes qu'il doit arracher au démon, n'a rien à redouter de la tempête. Dans les premiers jours du voyage, alors que tous s'abandonnaient aux plus flatteuses espérances, lui n'était pas sans inquiétude. Sa santé, si peu affermie encore; ses infirmités, dont il sentait, disait-il, tout le poids, et aussi le souvenir de son frère et de cette mort qui l'avait surpris au milieu de sa course ; tout cela, « ne lui laissait que la perspective d'un avenir incertain ». Il n'était nullement tenté de revenir en arrière, et avançait toujours, mais, dit-il encore, « comme un voyageur, qui le matin, se trouve enveloppé d'un nuage de brouillard, et qui n'en continue pas moins de parcourir la route qu'il ne voit pas s'étendre devant lui ». Maintenant, il semble que le brouillard s'est dissipé. A peine vient-il de débarquer à Macao, et a-t-il jeté ce cri : « M'y voilà! oui, m'y voilà! et béni soit le Seigneur qui m'y a lui-même porté », il ajoute, en faisant un retour sur les jours qui viennent de s'écouler et sur les impressions qu'il y a ressenties : « Dieu nous a conduits avec une Providence spéciale : pour moi, je l'ai touchée du doigt. »

6.

Aussi, se livre-t-il à la conduite de cette maternelle Providence, avec le plus parfait et le plus tranquille abandon. A Macao, il n'est encore que sur le seuil de la Chine : des semaines, des mois se passeront, avant qu'on lui assigne le champ qu'il doit cultiver, et que le jour de son départ soit fixé. Il voyait s'étendre, à perte de vue, sous ses regards, ces terres immenses où les chrétiens lui apparaissaient « comme ces rares épis qui échappent à la faux du moissonneur »; il savait que les ouvriers n'étaient pas même assez nombreux pour prendre soin de cette poignée de chrétiens, bien loin de pouvoir suffire à l'œuvre de la conversion des infidèles. C'est pour partager leurs travaux qu'il a franchi tant de milliers de lieues, après avoir quitté tout ce qu'il avait de plus cher au monde. Cependant il ne fait paraître aucune impatience, aucun empressement. « Ne me demandez pas, écrit-il alors, quelle va être ma destination dans ce nouveau monde : il faut que je vous avoue ma complète ignorance sur ce point. Depuis longtemps, ma principale résolution était pour la pratique de la sainte indifférence; en arrivant ici, j'ai tâché d'y tenir plus ferme que jamais. »

Durant ces longs jours d'attente, il aimait à

prendre le livre de l'*Imitation*, à l'ouvrir au hasard : souvent, presque toujours, ses yeux tombaient sur ces paroles : *Fili, sine me tecum agere, quod volo; ego scio quid expedit tibi (1)* : « Mon fils, laissez-moi agir comme je veux à votre égard; je sais ce qui vous est le plus expédient », et il ne manquait jamais de répondre : *Domine, dummodo voluntas mea recta et firma ad te permaneat, fac de me, quidquid tibi placuerit (2)*: « Seigneur, pourvu que ma volonté soit droite et fermement attachée à vous, faites de moi tout ce qu'il vous plaira. »

Sa prière fut écoutée : ce que Dieu voulait faire de lui, il l'apprit bientôt par la bouche de ses supérieurs. A raison de son éloignement dans l'intérieur des terres, de sa vaste étendue, des difficultés qu'y rencontraient l'exercice et surtout la propagation de la religion chrétienne, la mission du Ho-nan demandait des ouvriers d'une vertu et d'un courage éprouvés. M. Perboyre fut désigné pour se rendre à ce poste. Le jour fixé pour son départ, un de ses confrères, un de ceux qui étaient venus de France

(1) Imit., iii, 17, v. 1.
2) Imit., iii, 17, v. 2.

avec lui, voulut l'accompagner jusqu'à une jonque chinoise, qui l'attendait, à plusieurs lieues au large, et sur laquelle il devait gagner les côtes du Fo-kien. Là, au milieu de la mer, en pleine nuit, car ce n'est qu'à la faveur des ténèbres qu'il pouvait passer la frontière, interdite alors sous peine de mort à tout Européen, les deux missionnaires échangèrent leurs derniers adieux, leurs derniers embrassements et mêlèrent une dernière fois leurs larmes. « Ce sont là, disait le confrère du Bienheureux, de ces moments dont la solennité ne se retrouve qu'une fois dans la vie. » Pour lui, calme et recueilli, tout entier à son bonheur, il paraissait comme absorbé dans ses pensées. Quelques heures auparavant, il écrivait : « Soldat, à qui la témérité tient lieu de courage, je sens mon cœur tressaillir à l'approche du combat. » Ne croirait-on pas entendre, ne croirait-on pas voir saint Paul ? Saint Paul, le premier et le plus grand des missionnaires, dont le nom et le souvenir, dont les paroles, les pensées et les vertus s'offrent perpétuellement à l'esprit, lorsqu'on étudie la vie de l'un de ses plus fidèles disciples, de l'un de ses plus parfaits imitateurs ? Un jour, saint Paul sentit, lui aussi, tressaillir son cœur.

Il comprend que le moment est venu où il **va** pouvoir accomplir de grandes choses pour son Maître, et il s'écrie, avec un accent où se trahissent à la fois sa joie, sa reconnaissance et son espoir : *Ostium mihi apertum est magnum et evidens; et adversarii multi* (1). « Les portes d'une vaste et magnifique carrière s'ouvrent toutes grandes devant moi, car je vois mes adversaires se lever en grand nombre. » C'est qu'il compte, pour le succès de son apostolat et pour la conversion des peuples, beaucoup plus sur ses souffrances que sur ses prédications. En effet, les contradictions et les croix précédant et préparant les victoires de la parole et la conquête des âmes : voilà, en deux mots, l'histoire de saint Paul et de tous les apôtres, l'histoire aussi de notre Bienheureux, à dater du jour où il voit s'ouvrir enfin devant lui, la carrière dans laquelle, depuis plus de quinze ans, il aspirait à s'élancer. Lorsque, trois ans plus tard, il quitta, pour aller à la mort, ces populations qui avaient recueilli les fruits de ses derniers travaux, il put leur dire, toujours comme saint Paul : « Mon passage au milieu de vous n'a pas été stérile :

(1) I Corinth., xvi, 9.

mais c'est qu'auparavant j'avais souffert et enduré bien des peines » : *Ipsi scitis, fratres, introitum nostrum ad vos, quia non inanis fuit : sed ante passi et contumeliis affecti* (1).

Les souffrances viennent donc les premières. Quand il était encore à Macao, écrivant un jour à l'un de ses confrères de Paris, il lui disait : « Priez Notre-Seigneur de nous envoyer encore des ouvriers évangéliques, mais qui soient pleins de la science dans laquelle saint Paul mettait toute sa gloire, la science de Jésus crucifié, et qui puissent dire avec lui : *Scio et humiliari, et esurire, et penuriam pati* (2) : « Je sais souffrir l'humiliation, la faim et la pauvreté. » La Providence allait lui ménager, à lui-même, dès son entrée en Chine, plus d'une occasion de montrer à quel point il était avancé dans cette triple science de l'Apôtre.

L'une des humiliations qu'il dut, à coup sûr, le plus vivement ressentir, fut de se voir obligé de pénétrer clandestinement dans cet empire, et de le traverser en se cachant comme un malfaiteur. Il avait appris de Tertullien quelle no-

(1) I Thess., 1, 2.
(2) Philip., iv; 12.

blesse nous tenons de notre baptême, et, comme lui, il pensait que rien n'est plus grand sur la terre qu'un chrétien : *Nemo major nisi christianus* (1). Tandis qu'il remontait le fleuve qui devait lec onduire vers sa mission, et qu'il apercevait de son embarcation, ces hautes montagnes couronnées par des colonnes superstitieuses et du sommet desquelles le démon paraissait braver son Dieu, ne dut-il pas être, par moments, tenté de jeter à tous les échos ce cri des premiers confesseurs de la Foi : « Je suis chrétien! » Mais il se rappelait la prudente humilité du divin Maître; il pensait à ces âmes qu'il allait chercher et qui attendaient leur pasteur. Alors, il se soumet à toutes les précautions qu'aurait pu inspirer la peur et que son zèle lui faisait accepter. Il se laisse enfermer, au fond du navire, dans une étroite alcôve, ensevelir sous un monceau de couvertures et de matelas. Lorsqu'il eut quitté le fleuve, s'il avait à passer par quelque ville, il obéissait à ses guides, et en traversait les rues au pas de course ; s'il avait à franchir quelque douane, il s'éloignait au plus vite, pendant qu'on inspectait ses effets, « car toute no-

(I) Tertullien, *De præscrip.*, III.

tre contrebande, dit-il, était dans ma personne. »
Je ne sais si je me trompe, mais il me semble
que rien n'est plus touchant que ce sourire qui
perce à travers le récit du saint missionnaire, et
qu'en le voyant prendre aussi gaiement son
parti de tant de circonstances mortifiantes, nous
comprenons jusqu'à quel point il était capable
de s'oublier lui-même; et à quel juste titre il
pouvait dire avec l'Apôtre : *Scio et humiliari :*
« Je sais supporter l'humiliation. »

Il savait endurer aussi les privations et la
faim : *Scio et esurire.* Car il connut cette souffrance, dans un pays où les pauvres gens n'ont
pas toujours un peu de riz pour se nourrir et où
il vivait de la vie et partageait la condition des
pauvres. Lui-même était forcé d'avouer que, si
l'on était avide de mortifications et de péni-
tences, le régime des missionnaires de la Chine
offrait tous les moyens de faire, en ce genre, une
sainte et opulente fortune. Souvent, son unique
repas consistait en un morceau de pain, « mangé
dit-il, avec appétit, auprès d'une source ». Cependant, il travaillait, il voyageait, allant sans
cesse, et le plus souvent à pied, d'une chrétienté
à l'autre, à travers des rochers et des ravins,
franchissant quelquefois un espace de dix lieues

en un jour. Un soir, il arriva au pied d'une montagne élevée, la dernière qu'il eût à gravir; mais il était à bout de forces, n'ayant rien mangé de tout le jour; il se met en marche, pourtant, armé d'un petit crucifix, auquel est attachée l'indulgence du chemin de la croix, et pensant que c'est bien le moment de la gagner. Il se traînait avec peine, s'asseyait sur toutes les pierres qu'il rencontrait et se remettait à gravir, s'aidant quelquefois de ses mains : « J'aurais grimpé avec les dents, dit-il, pour suivre la voie que la Providence m'avait tracée. » Enfin, avec le secours de son conducteur et de quelques jeunes gens de la mission voisine, il finit par doubler le sommet de la terrible montagne, sur le revers de laquelle il découvrit, au milieu d'un bosquet de bambous, la résidence de ses confrères qui l'attendaient.

C'était la pauvreté après la fatigue et la faim : *Scio et penuriam pati.* « Bâtie en terre, couverte de paille, n'ayant d'autre pavé que le sol battu, ni d'autre plafond que les branches de bambou qui en soutenaient le toit », la maison des missionnaires passait pour un palais aux yeux des habitants du pays. Notre Bienheureux n'eut pas toujours un si commode abri, et ne trouvait parfois, pour se reposer la nuit des travaux de la journée, qu'une pauvre cabane, demi-ruinée, qui ne pouvait le défendre du froid ni de la pluie. Le Maître n'était pas mieux logé que le disciple ; dans sa mission du Hou-pé, où devait se terminer son apostolat et sa vie, le Bienheureux avait une église qu'il décrit ainsi : « J'ose vous assurer que notre église ne soutiendrait pas la comparaison avec beaucoup de granges de vos campagnes. Le sol nu, renfermé entre quatre murs de terre et couvert d'un toit de paille, avec une table servant d'autel : en voilà la description parfaitement complète. »

Mais il ajoute aussitôt, nous montrant l'autre aspect de la vie du missionnaire, et nous faisant admirer les fruits de bénédiction qui succèdent, en les récompensant, à ses labeurs, à ses privations et à ses souffrances : « Si quelqu'un répugnait à reconnaître là une église, je le prierais de la voir où elle est, c'est-à-dire dans un millier de pieux fidèles, remplissant et entourant, même sous la pluie et sous la neige, cette humble enceinte, et ses yeux découvriraient les pierres précieuses destinées à composer cette Eglise d'ineffable beauté, qui doit être éternellement admirable, éternellement heureuse dans le sein de Dieu même.» Son humilité se serait refusée à croire qu'il était l'un des principaux ouvriers de cet édifice spirituel qu'il voyait grandir et se perfectionner sous ses regards. Mais les témoins de ses œuvres et de ses vertus, ses confrères, les chrétiens du Ho-nan et du Hou-pé, et jusqu'aux infidèles, n'ont eu qu'une voix pour attester le bien immense que son passage avait fait, dans les deux provinces qu'il évangélisa tour à tour. Toutefois, au lieu de recueillir toutes ces dépositions, tous ces récits, tous ces éloges, j'aime encore mieux m'adresser au Bienheureux lui-même, et rappeler une de ses paroles, qui nous fait assez comprendre ce que dut être son apostolat, en nous révélant ce que fut son cœur, tous les trésors de charité et de miséricordieuse pitié qu'il renfermait et combien il savait souffrir avec les infirmes et se faire tout à tous, pour gagner les pécheurs et sauver toutes les âmes : *Factus sum infirmis infirmus, ut infirmos lucrifacerem. Omnibus omnia factus sum, ut omnes facerem salvos* (1). Il se trouvait dans une chrétienté décimée par une maladie contagieuse. Dans la journée, il avait administré un grand nombre de mourants.

(1) S. Paul, I Cor., ix, 22. — Cf. II Cor., xi, 29.

En pénétrant auprès de ces infortunés, gisants à terre sur un peu de paille à moitié pourrie qui recouvrait aussi leur corps et voilait seule leur nudité, il n'avait pu se défendre d'éprouver, au milieu de sa compassion pour une si grande misère, un sentiment surnaturel de joie, à la pensée qu'il lui était donné d'offrir les meilleures et les plus saintes des consolations à ceux qui n'en avaient point eu d'autres en ce monde. Et n'est-ce pas en présence de pareils spectacles que l'on sent tout ce qu'il y a de grand, de providentiel, de vraiment divin dans cette vocation du missionnaire, et que l'on bénit, avec le prophète, ces pieds si beaux de l'apôtre qui a franchi huit mille lieues, pour apporter la paix à ces agonies et pour faire pénétrer, dans ces pauvres et obscurs réduits, comme un rayon du ciel et des espérances éternelles : *Quam pulchri pedes annuntiantis et prædicantis pacem, annuntiantis bonum, prædicantis salutem* (1)? Mais, le soir, notre Bienheureux, en regagnant sa demeure, demanda au catéchiste-médecin, qui l'accompagnait, quelle était la cause de cette maladie qui faisait tant de victimes : « Il n'y en a pas d'autre, répondit le

(1) Isaïe, LII, 7.

chrétien, que la misère et la famine. » Le Bienheureux ajoute, nous découvrant, à son insu, son âme tout entière : « Je continuai ma route en silence, livré au remords de survivre à ces infortunés, et de ne pas mourir de la même mort qu'eux. »

Mais nous n'aurions pas une juste et complète idée de l'influence de son apostolat, si nous voulions la circonscrire au court espace de temps où il lui fut donné de vivre et de travailler en Chine. Sa prédication, au milieu des infidèles, dura trois ans, comme celle de son divin Maître, en Palestine. Il n'avait, il est vrai, d'autre ambition que « de glaner quelques épis pour les placer à côté des grandes gerbes de ses confrères, dans l'aire du père de famille »; et, pendant ces trois années, il fit une abondante moisson. Mais répond-elle à tant de sainteté, à de si grands sacrifices, à tous ces vœux qu'il faisait, dans l'ardeur de son zèle, pour la conversion de ces millions d'âmes, courbées sous le joug du démon? Car nous ne voulons pas encore parler des mérites et des fruits de sa mort. Toutes ces vertus et toutes ces œuvres saintes étaient comme autant de semences de salut, capables de couvrir et de féconder des terres immenses ; une bien faible portion seulement en avait été répandue, et avait levé dans quelques cœurs de bonne volonté : le reste devait-il être perdu pour toujours? Non. Dieu a recueilli ces trésors de vie dans son Ciel; et, de sa main paternelle, à la prière de son bienheureux serviteur, il les a depuis versés et les verse encore sur ces vastes champs, où ils ne cessent de germer et de fleurir. Du vivant de notre Bienheureux, on comptait, dans tout l'empire de la Chine, cent vingt prêtres et deux cent mille chrétiens. Aujourd'hui, les prêtres sont près de quinze cents et les chrétiens, plus d'un million. Dira-t-on qu'il n'est pour rien dans un progrès si consolant? Je le sais, depuis cinquante ans qu'il a donné sa vie pour sa foi, des ouvriers évangéliques, héritiers de ses vertus et de son zèle, n'ont cessé de travailler, de souffrir, de mourir même à son exemple, sur ce sol qu'il avait arrosé de ses sueurs avant de le rougir de son sang. Mais ils seraient les premiers à me reprocher mon oubli, si j'omettais de rapporter une notable partie du succès de leurs efforts à celui qu'ils vénèrent et qu'ils invoquent comme un de leurs meilleurs modèles et de leurs puissants protecteurs.

Mais est-ce tout? et la patrie du Bienheureux

n'aura-t-elle rien à espérer et à **attendre de tout**
ce qu'il a fait, de tout ce qu'il peut obtenir encore pour le salut des âmes? Au moment où il
allait mourir, il se mit à genoux, et pria quelque temps, tourné vers l'Occident. N'eut-il pas,
alors, un souvenir, une pensée, une prière pour
ceux qui vivaient et qui devaient naître plus
tard, sur ces rivages, que son âme apercevait
au loin, où lui-même avait vu le jour, où il avait
appris à connaître et à servir Dieu, où il avait
entendu son appel? Il demanda, sans doute, au
Seigneur, de reporter sur ses concitoyens une
part des fruits de ses travaux, de ses souffrances
et de sa mort : *moriturus erat pro gente*. Il lu[i]
demanda, sans doute, d'entretenir toujours,
parmi eux, cette double flamme du zèle et de la
charité apostoliques, qui fait que la France ne
cesse d'envoyer ses enfants sur toutes les plages
du monde, pour y porter la lumière et les consolations de l'Evangile, et de donner ses millions
pour y soutenir les œuvres de toute sorte, que
l'infatigable activité de ses missonnaires et de
ses religieuses a fondées. Il lui demanda enfin
que cette France, à qui tant de peuples, autrefois plongés dans l'ignorance et dans la corrup-
tion du paganisme, doivent aujourd'hui le

bienfait de la foi, ne le perde jamais elle-même, et garde toujours ses droits au titre de Fille aînée de l'Eglise.

MARTYRE DU BIENHEUREUX JEAN-GABRIEL PERBOYRE

11 septembre 1840.

III. — LE MARTYR

EXCELLENCE (1),

MESSEIGNEURS (2),

MES FRÈRES,

Depuis son enfance, notre Bienheureux s'était attaché à imiter Jésus-Christ, et il y avait réussi à un tel point qu'on pouvait dire de lui, en le voyant vivre si parfaitement de la vie de son divin Modèle, ce qu'un Père de l'Eglise a dit de saint Paul : « Son cœur est, en vérité, le cœur même du Christ » : *Cor Pauli, cor Christi.*

(1) S. Exc. Mgr l'archevêque de Pharsale, nonce apostolique.

(2) S. G. Mgr l'archevêque titulaire d'Andrinople et NN. SS. les évêques de Cahors et d'Amiens.

Dieu résolut de perfectionner encore cette image si fidèle de son Fils, et d'y ajouter un trait que sa main seule y pouvait imprimer. Aux vertus du prêtre, au zèle de l'apôtre, devait se joindre la générosité du martyr. L'Eglise, dans ses chants, célèbre ce qu'elle appelle la brillante armée des martyrs : *Martyrum candidatus exercitus.* Les martyrs sont des soldats, en effet : ils combattent dans les tourments. Ces soldats sont des vainqueurs : ils remportent la victoire par leur mort, qui les rend supérieurs à tous leurs ennemis. Ces vainqueurs sont des triomphateurs : ils triomphent dans le ciel, où Dieu les couronne; sur la terre, où Dieu leur rend témoignage à son tour, et atteste leur sainteté par les miracles qu'il accorde à leur intercession.

Si jamais il a pu sembler naturel et opportun d'envisager un martyr sous ce triple aspect, c'est sans doute quand il s'agit d'un confesseur de la foi, dont les tourments ont duré près d'un an, et dont la puissance a été signalée, après sa mort, par tant et de si éclatants miracles.

Nous le suivrons donc dans sa longue et douloureuse passion, avant de l'accompagner à la mort, et de nous réjouir de son triomphe.

I

Tous les martyrs sont des images de Jésus crucifié, et elle est vraie autant que belle, cette pensée de Bossuet, qu'ils ont été choisis de Dieu pour porter sa croix par toute la terre, pour la porter, non pas « sur des marbres inanimés ni sur des métaux insensibles (1), » mais, sur leur corps même, où ils peuvent bien dire qu'elle est imprimée en caractères vifs et sanglants, par la main des persécuteurs : *Mortificationem Jesu in corpore nostro circumfe-rentes* (2). Toutefois, je crois pouvoir avancer que, nulle part, cette impression de la croix du Sauveur n'a paru, en des traits plus expressifs et plus précis, que dans le martyre du bienheureux Jean-Gabriel Perboyre. Et de même que ce qui fait, comme nous l'avons dit, l'unité de sa vie, à tous les âges, dans l'accomplissement de tous ses devoirs, dans l'exercice de tous ses minis-tères, c'est cette merveilleuse et constante con-formité aux exemples du divin Maître ; de même,

(1) Bossuet, *Panégyrique de saint Paul.*
(2) II Corinth., iv, 10.

ce qui fera le caractère dominant, je pourrais dire éclatant, de ses longs supplices et de sa mort, c'est ce reflet de Gethsémani, de Jérusalem et du Calvaire, qui se projette sur toutes ces scènes barbares et sanglantes, et achève de transfigurer le saint confesseur de la foi à la ressemblance de son Sauveur.

Pour le suivre, depuis le jour où il fut arrêté, dans une forêt voisine du petit village qu'il habitait, jusqu'au moment où il fut mis en croix, sous les murs de Ou-tchang-fou, peu s'en faut que, sans interroger ses biographes, il ne suffise de relire les pages, que les prophètes qui l'ont annoncée, et les évangélistes qui l'ont racontée, ont consacrées à la Passion du Fils de Dieu. On serait presque tenté de croire qu'ils ont, en même temps, écrit l'histoire du Maître et du disciple.

C'est par l'agonie que la Passion du Sauveur a commencé : c'est par une agonie que le saint missionnaire doit entrer dans la carrière qui va le conduire au martyre. Les saints docteurs se sont demandé pourquoi Notre-Seigneur avait tant souffert, au jardin des Oliviers, avant même de tomber aux mains de ses ennemis. Ils ont répondu que ceux-ci n'auraient rien pu sur leur victime, si un décret du Ciel ne l'eût livrée à leurs coups, et qu'il fallait, pour le montrer, que le Père levât le premier le glaive sur son Isaac, ou qu'il mit d'abord la main, comme le grand-prêtre de la loi, sur la tête de l'hostie (1). C'est Dieu qui appelait son vaillant serviteur à l'honneur du martyre. Dieu voyait la violente persécution que l'Enfer allait si soudainement déchaîner contre les chrétientés du Hou-pé, et que rien ne pouvait faire encore humainement pressentir. Le Ciel, qui avait déjà choisi lui-même la victime, commença par lui envoyer l'une des plus cruelles épreuves qui puissent visiter l'âme d'un saint. Pendant plusieurs mois, notre Bienheureux se crut réprouvé de Dieu et à jamais exclu de son royaume. Toute lumière s'était retirée de lui, et son cœur, tourmenté des plus mortelles frayeurs, était enveloppé de ces ténèbres épaisses, dont parle le Psalmiste : *Cor meum conturbatum est in me : et formido mortis cecidit super me... et contexerunt me tenebrœ* (2). Tout ce qu'il avait fait, souffert ou sacrifié pour Dieu, ne lui devait servir de

(1) Levit, xvi, 21.
(2) Ps. liv, 5, 6.

rien, et il se disait : « J'ai travaillé en vain ; c'est inutilement que j'ai dépensé mes forces et ma vie. » *Et ego dixi : In vacuum laboravi, sine causa, et vane fortitudinem meam consumpsi* (1); il avait beau prier, pleurer, se jeter, tout éperdu, aux pieds de son crucifix : *Et factus in agonia, prolixius orabat* (2). Son crucifix, qu'il lui suffisait de regarder autrefois pour trouver la lumière et la force, était devenu muet. Bien plus, il lui semblait que son Sauveur le repoussait avec colère et mépris, et ne lui montrait plus ses plaies entr'ouvertes que pour lui faire lire l'arrêt de sa damnation. Lui aussi, il touchait, encore vivant, aux portes de l'enfer : *Et vita mea inferno appropinquavit* (3). Comme saint François de Sales, dans une épreuve semblable, il ne connaissait plus le sommeil, et toute nourriture lui était insipide. On le voyait, sans se rendre compte du mal qui le minait, pâlir et dessécher tous les jours. Dieu eut enfin pitié de lui. C'est un ange qui était venu, autrefois, consoler l'agonie du Sauveur. C'est le Sauveur lui-même qui lui apparut, tel qu'il était sur la croix, jetant sur lui

(1) Isaïe, XLIX, 4.
(2) Luc, XXII, 43.
(3) Ps. LXXXVII, 4.

un regard d'une ineffable bonté, et lui disant avec douceur : « Que crains-tu? Ne suis-je pas mort pour toi? Mets tes doigts dans mon côté et cesse de te croire damné. » Aussitôt, toutes ses terreurs s'évanouirent, et son cœur fut rempli d'un profond et délicieux sentiment de paix et de confiance. Le lendemain, il avait repris sa sérénité habituelle, et l'on ne retrouvait plus sur ses traits aucune trace des ravages causés par cette longue et douloureuse épreuve. Il ne lui restait, de celle-ci, qu'un bien doux souvenir des bontés infinies de son Dieu, et aussi un secret pressentiment du grand et glorieux combat qui l'attendait.

La paix la plus complète régnait alors dans la province où il résidait, et les chrétiens y vivaient dans une sécurité que n'inquiétait aucun des signes qui annoncent d'ordinaire un orage aussi prochain. Mais l'Enfer ne s'endort jamais, et les démons, au dire de Salvien, ont également leurs missionnaires, qu'ils 'vont recruter partout, pour les opposer à ceux de l'Eglise, et qui sont les organes du mensonge et les ouvriers du mal : *Dæmones organa qœrunt quœ operantur*. A la vue du bien que le saint prêtre avait déjà fait, à la pensée de celui qu'il devait faire encore, l'ennemi de Dieu et des âmes frémit de rage, et, communiquant sa colère à ses hommes qui, selon la parole du divin Maître lui-même, sont de la race du démon et se trouvent toujours prêts à servir ses desseins : *Vos ex patre diabolo estis : et desideria patris vestri vultis facere* (1), il suscita, contre ces paisibles chrétientés, une persécution qui devait faire d'autant plus de victimes qu'elle était plus imprévue.

Le dimanche 15 septembre 1839, dans la matinée, le Bienheureux, après avoir célébré la messe, était encore dans l'église, quand on vient en toute hâte, lui annoncer que la persécution a éclaté, que deux commissaires du vice-roi de la province, accompagnés de plusieurs mandarins et escortés d'une troupe nombreuse de soldats, arrivent à grands pas pour se saisir de lui et de tous les prêtres et religieux qui se trouvaient, en ce moment, dans la résidence des missionnaires. Le serviteur de Dieu veut croire que le danger n'est pas aussi imminent qu'on l'assure : il lui en coûte d'abandonner son troupeau ; mais on entend déjà les soldats qui

(1) **Joann.**, VIII, 44.

approchent : tout le monde s'enfuit, et il doit s'éloigner à son tour. Le lendemain, après beaucoup de marches et de contremarches, pour se soustraire, lui et ses compagnons, aux recherches des ennemis, il s'était arrêté, à bout de forces, dans une forêt voisine. C'est là que les satellites vinrent s'emparer de lui; sa retraite leur avait été découverte par un néophyte qui, soit crainte, soit avarice, joua le rôle de Judas dans cette triste scène, et reçut trente onces d'argent pour prix de sa trahison : *At illi constituerunt ei triginta argenteos* (1). Lorsque les satellites allaient porter la main sur lui, son serviteur, qui l'avait suivi, voulut le défendre avec son épée; mais lui, se souvenant de la conduite de son Maître à Gethsémani, lui défendit de se servir de son arme, et de repousser la force par la force : *Dixit ergo Jesus Petro : Mitte gladium tuum in vaginam* (2). Les bourreaux se précipitèrent alors sur lui avec une rage infernale, le frappèrent brutalement, lui déchirèrent les épaules à coups de sabre, et, après l'avoir dépouillé de ses vêtements et lui avoir donné,

(1) Matth., xxvi, 15.
(2) Joann., xviii. 11.

en échange, de misérables haillons, ils le traî-
nèrent devant le mandarin qui l'attendait, non
loin de là, qui lui fit subir un premier interro-
gatoire et le remit, pour la nuit, à la garde d'un
païen, que sa férocité bien connue avait fait
surnommer « le Tigre ». Dès le lendemain
matin, on le conduisit au chef-lieu du district ;
chargé de chaînes, mourant de faim, couvert de
blessures et brisé par les mauvais traitements
qu'il avait endurés déjà, le saint prisonnier se
traînait avec peine, à la suite des soldats. Mais,
comme si tous les personnages qui avaient fi-
guré dans la Passion du Sauveur avaient dû se
retrouver ici, voici qu'un lettré païen, qui était
le chef d'une bourgade des environs, veut, en
fidèle imitateur du bon Cyrénéen, l'aider à porter
sa croix, et obtient de le faire conduire jusqu'à
la ville, dans une litière louée à ses frais et qu'il
accompagne lui-même (1).

A partir de ce moment, le confesseur de la foi
sera traîné de tribunal en tribunal, comme son
Maître ; comme son Maître, il devra subir (ce
sont les termes d'un des décrets pontificaux)
beaucoup moins un procès que les plus cruels

(1) Matth., XXVII, 32.

sévices, des opprobres et des injures sans nom :
*Ut ad tribunalia feratur, non tam judicia, quam
atrociores pœnas, opprobria, convicia subiturus* (1).
Je ne crois pas que, dans les *Actes* d'aucun
martyr, on rencontre de plus effrayantes tortures ni de pires raffinements d'une cruauté
véritablement diabolique.

L'antiquité répugnait à peindre l'excès de la
douleur, et, plutôt que de représenter l'homme
sous l'étreinte et dans les convulsions d'une angoisse au-dessus des forces ordinaires, pré-
férant l'invraisemblance de la fable à une réalité si poignante, elle appelait la métamorphose
à son secours, et n'exprimait le paroxysme de
la souffrance qu'en le voilant. Et, si les grands
génies de la Grèce en usaient ainsi, ce n'était
pas seulement par scrupule littéraire et par délicatesse de goût, c'était aussi par un sentiment
très juste de la faiblesse du cœur humain, qui
n'offre qu'une capacité restreinte à la douleur
aussi bien qu'à la joie, et qui, lorsque la mesure
est comble, ne peut supporter ce qui l'excède et
se prend à défaillir. L'homme n'est plus, pour
ainsi dire, alors, puisqu'il a perdu la conscience

____

(1) **Décret** sur le martyre et les miracles.

de lui-même. L'Evangile, d'ailleurs, ne nous dit-il pas qu'il y a, dans la souffrance, de ces profondeurs où la nature humaine n'est pas assez forte pour pénétrer toute seule ? Jésus s'est rendu à la grotte de Gethsémani, suivi de ses onze apôtres ; à l'entrée du jardin, il leur dit de s'asseoir et de l'attendre, tandis qu'il ira prier à l'écart. Puis, prenant seulement avec lui Pierre, Jacques et Jean, les plus zélés et les plus forts, il les emmène dans la partie la plus sombre de l'enclos, vers le fond du bosquet d'oliviers. Mais, voici qu'à un certain point, il s'arrête de nouveau, leur enjoint de rester là, de veiller s'ils le peuvent, et, seul cette fois, il s'éloigne encore jusqu'à la distance d'un jet de pierre. Les trois apôtres ne tardent pas à succomber au sommeil, et la nature fléchit, pour ainsi dire, en eux, sous le poids qui l'accable. Il y a donc comme trois degrés et, si j'ose ainsi m'exprimer, comme trois veilles de la souffrance et de la douleur. L'homme peut être capable de supporter la première, à peine la seconde ; mais Jésus seul peut pénétrer et veiller dans ce troisième abîme, où la tristesse est telle que l'âme se croit déjà sur le seuil de la mort : *Tristis est anima mea usque ad mortem.* Mais lorsqu'il a savouré, jusqu'au fond, l'angoisse qui bouleverse toutes les puissances de son être, et fait ruisseler sur son corps une sueur de sang, lorsqu'il a bu le calice jusqu'à la lie, il revient, les mains chargées de mérites et de grâces, qu'il communiquera bientôt à ses disciples, et qui les rendront capables de souffrir, sans défaillance et sans trouble, des peines si excessives et de si effroyables supplices que la délicatesse du monde n'a pas toujours le courage d'en supporter la peinture. Aussi, lorsqu'il a rejoint ses apôtres, leur dit-il, comme s'il les voyait non pas tels qu'ils sont encore, hélas! dans la pusillanimité de leur nature, mais tels qu'ils se montreront bientôt, lorsqu'il les aura revêtus de la plénitude de sa force : *Surgite, eamus.* « Levez-vous et venez, vous pouvez maintenant me suivre jusqu'au bout (1). » On les verra, en effet, ces témoins du Dieu crucifié, on les verra tourmentés de toutes manières, bafoués, flagellés, écartelés, lapidés, sciés, immolés par le glaive : *Alii autem distenti sunt, alii vero ludibria et verbera experti : lapidati sunt, secti sunt, tentati sunt, in occisione gladii mortui sunt* (2), et

(1) Matth. **xxvi**. 46.
(2) **Hebr.**, **xi**, 35-37.

conservant, au milieu de ces tortures, une telle possession d'eux-mêmes, une telle sérénité d'âme, qu'elle semble resplendir sur leur chair meurtrie, et qu'ils sont admirablement beaux à voir, dans leurs corps mutilés et sanglants, déjà tout rayonnants de la gloire qui les attend.

Tel fut notre Bienheureux, durant sa longue et douloureuse passion. C'est bien toujours, en effet, la Passion, qui continue à se dérouler devant nous, et Jésus qui continue à partager ses souffrances comme ses mérites avec son vaillant et bien-aimé disciple. A son tour, celui-ci sera souffleté et flagellé. S'il refuse de dénoncer les chrétiens ou d'abjurer sa foi, on le frappe au visage avec une épaisse férule de cuir, et de ses joues tuméfiées, de sa bouche meurtrie, s'échappent des flots de sang : *et dabant ei alapas* (1). S'il refuse de fouler aux pieds le crucifix, ou de reconnaître les crimes qu'on impute calomnieusement aux chrétiens, on le frappe si cruellement avec un énorme bambou, qu'il tombe à terre le corps broyé, les yeux éteints, ne pouvant ni se lever, ni se tenir à genoux : *Corpus meum dedi percutientibus, et genas meas vellentibus* (2). Les

(1) Joann., XIX, 3.
(2) Isaïe, L.

moqueries et les insultes s'ajoutaient à ces barbares traitements. On le força, plusieurs fois,
de se revêtir des ornements sacrés, parce que
le bruit s'était répandu que, dans les assemblées
des chrétiens, il portait un habit impérial, afin
d'accoutumer peu à peu le peuple à le regarder
comme son chef et, par là, de se frayer la voie
au souverain pouvoir. Lorsqu'il était ainsi
couvert des vêtements sacerdotaux, il devenait
l'objet des railleries de la foule, et retraçait encore l'image du Sauveur, affublé du manteau de
pourpre, et salué, par dérision, au prétoire, du
titre de roi des Juifs : *Illudebant ei, dicentes :
Ave, rex Judæorum* (1). Mais ces violences et ces
sarcasmes ne peuvent vaincre ni sa patience, ni
son courage. Il ne lui échappe pas une plainte ;
sur ses traits, on voit moins l'impression de la
douleur, que le reflet de cette âme toujours aussi
douce, aussi calme, aussi unie à son Dieu, et
qui se réjouit de souffrir pour Lui. Loin de concevoir le moindre sentiment de révolte à la vue
des traitements qu'on lui faisait subir avec une
cruauté qu'on n'avait pas à l'égard des scélérats
couverts de crimes, qui partageaient avec lui sa

(1) Matth., xxvii, 29.

prison, comme son geôlier, touché d'une si prodigieuse vertu, avait voulu lui épargner une des souffrances imposées à tous les détenus, de peur qu'on n'en prît occasion de murmurer contre cet homme, il le pria de le traiter comme les autres, l'assurant qu'il supporterait volontiers ce tourment pour l'amour de son Dieu. Autant il était doux et patient, autant il était ferme et intrépide. Si on l'interrogeait sur sa religion, sur sa patrie, il répondait : « Je suis chrétien, et prêtre de la religion chrétienne; je suis Européen, et je suis venu en Chine pour prêcher l'Evangile. » Il ne se montrait pas moins courageux, lorsqu'après avoir professé hautement sa foi, se souvenant de l'exemple que lui avait donné son divin Maître, il refusait de répondre aux questions captieuses ou aux menaces de ses juges, et gardait le silence ; *Ille autem tacebat, et nihil respondit* (1).

Tant de douceur, unie à tant de force, ne faisait qu'irriter la colère de ses bourreaux, et surtout du plus cruel d'entre eux et du plus acharné contre lui, du vice-roi de la province. Un jour, ce magistrat, voyant qu'on ne pouvait

(1) Marc, xiv, 61.

le forcer à parler, s'élança tout à coup de son siège, et, arrachant des mains des satellites l'horrible férule, dont ils se servaient avec trop de mollesse, à son gré, se mit à le frapper avec tant de rage, qu'on regarda comme un miracle que la pauvre victime n'eût pas expiré sous ses coups. Il s'était promis d'avoir, à la fin, raison de tant de constance. Il lui était arrivé de dire, une autre fois, au serviteur de Dieu : « C'est en vain que vous désirez mourir : je vous ferai encore longtemps souffrir ; chaque jour, vous serez torturé par de nouveaux supplices ; et cette mort, que vous souhaitez, vous ne la trouverez qu'après avoir épuisé les plus atroces tourments. » L'ennemi juré du nom chrétien tint parole ; et l'on vit alors des inventions de cruauté et de barbarie, que le prétoire de Pilate et le palais de Caïphe n'avaient point connues.

Souvent, lorsque le Bienheureux revenait du tribunal dans sa prison, son corps n'était qu'une plaie, ses chairs, labourées par le bâton ou les fouets, tombaient, de tous côtés, en lambeaux. et l'on ne reconnaissait presque plus en lui la forme humaine : *Vulnus et livor et plaga tumens* (1).

(1) Isaïe, I.

Ses membres, tout meurtris, n'offraient plus, semblait-il, aucune place aux coups de ses bourreaux : *A planta pedis usque ad verticem capitis, non est sanitas in eo* (1). C'est alors qu'on voyait s'accomplir, de nouveau, ce que la divine Victime avait autrefois prédit d'elle-même : « Ils ont frappé encore sur mes blessures déjà saignantes, et les ont rendues plus profondes et plus vives ; ils ont ajouté douleur sur douleur » : *Concidit me vulnere super vulnus* (2). — *Super dolorem vulnerum meorum addiderunt* (3).

C'est alors que, ramené devant le vice-roi, comme il ne pouvait plus ni marcher ni se soutenir, il était saisi par les satellites, qui le mettaient à genoux sur des chaînes de fer tendues au-dessus du sol, et, lorsqu'il était là, les cheveux attachés à un poteau, les bras en croix, on apportait une lourde pièce de bois qui pressait ses jarrets, et aux extrémités de laquelle deux hommes venaient se balancer. D'autres fois, on le forçait à s'asseoir sur un siège élevé, auquel il était retenu par des cordes, et l'on suspendait

(1) Isaïe, I.
(2) Job, xvi, 15.
(3) Psalm. lxviii.

à ses pieds, qui ne pouvaient toucher la terre, des pierres d'un poids énorme.

Nous pouvons bien jeter les yeux sur ces bizarres et diaboliques horreurs, afin de contempler ce qui les rachète pleinement, ce qui fait oublier tout ce qu'elles ont de repoussant et d'odieux : la surnaturelle beauté, et j'ose dire la majesté surhumaine de ce sublime patient, qui, tandis que tous ses membres sont brisés, que tous ses os se déplacent, que la vie semble près de s'échapper de son corps épuisé, demeure si calme qu'il ne fait entendre ni une plainte ni un soupir, et si maître de lui, qu'il conserve toute la force et toute la pieuse ardeur de son âme. Qu'on vienne, au sortir de ces tortures, où il a été le jouet de la plus atroce barbarie, lui proposer de fouler aux pieds la croix, il se baissera péniblement, car son pauvre corps n'en peut plus, mais, une fois qu'il aura saisi la sainte image, à le voir y coller ses lèvres, à le voir la couvrir de ses baisers et de ses larmes, on devinera qu'il n'a rien perdu de la vivacité de son amour pour son Dieu. J'ai parlé de majesté : c'est pendant qu'il était à genoux sur des chaînes de fer, qu'un chrétien, venant à passer, et saluant, pour ainsi dire, en lui, la grandeur et l'autorité

8.

de son ministère, le prie d'exercer, en sa faveur, une des plus hautes prérogatives du sacerdoce chrétien, et lui demande la sainte absolution. Une fois seulement, il fut vaincu par la douleur ; cette croix, qu'il venait d'adorer avec un tel élan, il la voit profanée, sous ses yeux, par les plus infâmes outrages : alors il jeta un de ces cris profonds, qui semblent contenir toute la désolation dont une âme humaine est capable, et l'on crut qu'il allait expirer.

Je ne m'étonne pas que ses bourreaux et son tyran s'imaginent qu'il possède un talisman qui émousse en lui la pointe de la douleur et le rend invulnérable à leurs coups. Alors, ils le soumettent aux investigations les plus humiliantes, l'enveloppent du réseau de leurs questions et de leurs insinuations les plus perfides, et on les dirait tentés de lui arracher le cœur, pour y lire le secret qu'ils ne peuvent découvrir. « Les bourreaux, dit saint Jean Chrysostome, dans l'éloge du martyr saint Justin, les bourreaux se ruent sur son corps comme des bêtes féroces ; ils déchirent ses flancs, découpent ses chairs mettent ses os à nu, pénètrent jusqu'aux entrailles : vains efforts ! ils ne peuvent lui ravir son trésor, le trésor de sa foi (1). » La foi! voilà le talisman, voilà l'unique et tout-puissant secret de notre Bienheureux. C'est par la foi qu'il remportera la victoire sur son tyran, sur ses bourreaux, sur toutes les puissances de l'Enfer, comme l'ont fait, comme le feront tous les martyrs. *Per fidem vicerunt* (2). Or, cette foi, elle est hors des atteintes de ses ennemis; elle repose en sûreté dans son âme, dans cette âme qui, elle aussi, échappe à toutes leurs prises; dans cette âme qui, loin de se ressentir de l'épuisement de son corps, semble grandir et comme se dilater, à mesure que s'écroule peu à peu cette maison de chair où, pour emprunter à Bossuet son langage, elle « contractait par nécessité quelque chose de mortel et de terrestre, dégénérant de la pureté de son origine (3) »; dans cette âme qui donna la mesure de sa force et de son invincible énergie, par cette dernière réponse, qui dut ôter tout espoir à ceux qui s'étaient flattés de le vaincre en prolongeant ses tourments : « J'aime mieux mourir que de renier

---

(1) S. Jean Chrysostome, *Homélie sur saint Justin martyr*.

(2) Hebr., xi, 33.

(3) Bossuet. *Deuxième panégyrique de saint Gorgon.*

ma foi; ce serait ma plus grande joie que de mourir pour elle » : *Usque ad mortem non Fidem negabo; valde gaudeo mori pro fide mea.*

Les bourreaux renoncèrent enfin à une lutte où il était trop évident qu'ils n'auraient jamais l'avantage. Après avoir épuisé, durant quatre mois, tout ce que pouvait leur inspirer le génie de la cruauté la plus barbare et la plus raffinée, ils cessèrent de le persécuter, et le vice-roi le condamna à être étranglé. Mais cette sentence ne pouvait être exécutée sans avoir été sanctionnée par l'Empereur. Le martyr dut rester encore huit mois dans sa prison. Là, il continuait à rendre témoignage à son Dieu, comme le faisait saint Paul, chargé de chaînes pour la cause de son Maître; car il pouvait se dire aussi le captif du Christ : *Vinctus Christi* (1).

Ses longues souffrances l'avaient réduit à un tel état de faiblesse que, dès le commencement du mois de mars, un de ses confrères, écrivant en Europe, disait : « Il est probable que déjà il a reçu la couronne du martyre, que le bon Dieu lui préparait; car il semble difficile qu'il ait pu survivre longtemps à de semblables supplices;

(1) Philémon, 1, 1.

il ne pouvait se mouvoir qu'à l'aide d'une main étrangère, et on peut dire de lui : *A planta pedis usque ad verticem non est sanitas in eo.* » Mais son Maître, qui le réservait à une autre mort et voulait achever en lui sa propre image, lui rendit, par degrés, ses forces ; et, au grand étonnement de tous ceux qui l'avaient vu entre les mains de ses bourreaux et qui ne pouvaient s'empêcher de croire à un miracle, toute trace de ses blessures avait disparu ; son corps avait repris toute sa vigueur, et son visage toute sa sereine beauté, lorsque, le 11 septembre, arriva enfin l'édit impérial qui ratifiait la condamnation portée par le vice-roi. La victoire allait succéder au combat.

II

L'édit de l'Empereur à peine çonnu, les coutumes de la Chine voulaient qu'il fût mis à exécution sur-le-champ. On vint donc, à l'improviste, saisir le Bienheureux dans sa prison, pour le conduire au supplice. On ne l'y menait pas seul : sept autres condamnés à mort, sept insignes scélérats devaient être décapités, avant qu'il consommât lui-même son sacrifice. Ainsi, en voyant s'avancer, au pas de course, suivant un autre usage du pays, ce lugubre cortège, qu'accompagnait le son bruyant des cymbales, on pouvait dire : « Lui aussi, il a été rangé parmi les criminels » : *Et cum iniquis reputatus est* (1). Le confesseur de la foi marchait nu-pieds, les mains liées derrière le dos, et dans ses mains, on avait fixé une longue perche, qui s'élevait au-dessus de sa tête, et au sommet de laquelle on lisait la sentence prononcée contre lui : *Et imposuerunt super caput ejus causam ipsius scriptam* (2). Cette sentence, nous en connaissons tous les considérants; ils tiennent en ces quatre mots que Tertullien pouvait déjà mettre sur les lèvres des persécuteurs de son temps : *Christiani, destinatum morti genus* : « Les chrétiens sont une race dévouée à la mort (3). »

Arrivé sur le lieu des exécutions capitales, le Bienheureux s'agenouilla et se mit en prière. Il resta dans cette attitude, pendant que les voleurs qui l'avaient accompagné subissaient leur peine, et jusqu'au moment où il fut, à son tour,

(1) Marc, xv, 28.
(2) Matth., xxvii, 37.
3) Tertul., *De spectac.* n 1.

attaché au gibet. En le voyant, un chrétien, qui se trouvait là, fondit en larmes. Les païens eux-mêmes, qui avaient entendu parler de sa douceur et de sa piété, qui savaient que les malfaiteurs, dont il était entouré dans sa prison, n'avaient pu se soustraire à l'ascendant d'une si haute vertu et avaient fini par le vénérer et par le plaindre; les païens, qui s'étonnaient qu'on traitât ainsi un homme semblable, disaient-ils, aux dieux par sa bonté, se le montraient entre eux, avec compassion et respect, et disaient : « Voilà l'Européen qui se met à genoux et qui prie. »

Ce que dut être cette dernière prière du Bienheureux sur la terre, nous pouvons le deviner. Il était, nous le savons, tourné du côté de l'occident. Ne vit-il pas, en ce moment, se presser, sous son regard, comme dans une évocation rapide, toutes les années de sa vie, depuis ce temps de sa jeunesse, où s'enflammant d'une sainte émulation à la lecture des Actes des martyrs et des Annales des Confesseurs de la foi, il écrivait, au petit séminaire de Montauban, des pages toutes brûlantes de l'amour de la croix et qui révélaient les secrètes aspirations de son âme de quinze ans, dans cette phrase : « Ah !

qu'elle est belle, cette croix plantée au milieu des terres infidèles, et si souvent arrosée du sang des apôtres de Jésus-Christ! » jusqu'au jour où dans la pleine maturité de son âge, il avait abordé sur cette terre de Chine, vers laquelle le poussaient surtout le désir et le pressentiment de la couronne qu'il était sur le point de saisir? Car Dieu avait exaucé tous ses vœux : Il l'avait amené aux lieux mêmes où l'on avait étranglé, avant lui, le vénérable Clet, dont il retrouvait partout les traces, depuis trois ans, et qu'il avait si souvent désiré de suivre jusqu'à la fin. Quelle parole, aussitôt, devait monter comme d'elle-même à ses lèvres, si ce n'est celle du Psalmiste : *Quid retribuam Domino pro omnibus quæ retribuit mihi?* « Que rendrai-je au Seigneur pour tous ses bienfaits? » Et il lui offrait sa vie en sacrifice d'actions de grâces.

Puis, il se rappelait pour qui il avait si constamment et si ardemment désiré le martyre, et pensait aux âmes qu'il aimait tant, à celles surtout qu'il était venu chercher de si loin, et que Dieu semblait lui avoir confiées depuis longtemps, dès les années de son noviciat, car c'est à cette époque, qu'une nuit, pendant son sommeil, on l'avait entendu, comme s'il **avait eu une** vision de l'avenir et qu'il se fût adressé à ces peuples qu'il devait évangéliser un jour, s'écrier d'une voix étrange et qui semblait venir d'au-delà de ce monde : *Levate capita vestra, quia appropinquavit redemptio vestra* : « Levez la tête, car voici l'heure de votre rédemption. » Combien, parmi ces âmes, avaient refusé de répondre aux pressantes invitations de son zèle! Combien d'autres, qui eussent été plus fidèles peut-être, n'avaient pas encore entendu l'annonce de la bonne nouvelle! Et il offrait sa vie, comme une réparation pour les péchés de ses frères, comme une prière pour leur conversion et pour leur salut éternel.

Enfin, il pensait que, s'il avait ambitionné le martyre, c'était par amour pour les âmes, sans doute, mais aussi par zèle pour la gloire de Dieu. Il pouvait, en effet, glorifier Dieu par sa mort. Mais quoi! la mort n'est-elle pas un effet, n'est-elle pas un châtiment du péché? Introduite dans le monde par le démon, n'est-elle pas une honte pour la nature humaine? Comment pourrait-elle donc servir à la gloire de Dieu? Oui, mais Dieu l'a prise, et l'a transfigurée en sa personne, et, lorsqu'il nous l'a rendue, ce qui était pour nous le plus grand des maux, grâce à lui, pouvait tourner, dit saint Jean Chrysostome (1), à notre honneur et à notre gloire. Ainsi transformée et ennoblie, ainsi purifiée, si je l'ose dire, de la tache de son origine, elle devenait digne, en même temps, d'être offerte a l'Auteur de la vie. Aussi, voyez les anges : ils nous portent envie, saint François de Sales l'affirme, parce que nous pouvons souffrir pour Dieu, et qu'ils ne le peuvent pas (2); et la souffrance était venue du mal et du démon, comme la mort : à plus forte raison, car il s'agit d'un plus grand sacrifice, doivent-ils nous porter envie, parce que nous pouvons mourir pour Dieu et qu'ils ne le pourront jamais. Aussi, voyez les saints, ceux-mêmes dont la mort n'a pas été la mort héroïque et sanglante des martyrs : voyez-les, à leur dernier moment, recueillir ce qui leur reste de force et de vie, en faire un sacrifice au Seigneur et exhaler leur âme en s'écriant : « Gloire à Dieu! (3) » Ce cri, notre Bienheureux peut bien le jeter à son tour, en mourant, et il offre sa vie en holocauste, pour la gloire de son Maître.

(1) S. Jean Chrysostome, *Homélie sur tous les saints Martyrs,* n° 1.

(2) Saint François de Sales, *Traité de l'Amour de Dieu.*

(3) On sait que ce fut le dernier mot de saint Jean de la Croix

Puis, ayant terminé sa prière, il se lève et marche vers sa croix. C'est une croix, en effet, qui se dresse à quelques pas, et qui l'attend. N'avait-il pas mérité qu'on pût lui dire ce que disait un Père de l'Eglise, en s'adressant à saint Pierre : « Réjouissez-vous, ô apôtre ! car il vous a été donné d'entrer en pleine possession du bois de la croix du Christ » : *Gaudeas, Petre, cui datum est ut ligno crucis Christi fruereris* (1)? Nous allons donc le voir, une fois encore, élevé au-dessus de terre, mais dans l'extase suprême et dans la glorieuse exaltation du martyre.

C'est maintenant qu'il doit attirer tous les regards à lui (2). C'est maintenant qu'il convient de répéter le mot de saint Ambroise : *Appellabo martyrem, satis prædicavi* (3) : « Je l'appellerai martyr, et je l'aurai assez loué. » Ce mot seul, en effet, renferme tout éloge, comme le martyre est l'abrégé de toutes les vertus. Si l'on nous présentait un de ces docteurs, illustres par leur science et leurs écrits, qui sont les lumières de l'Église, ne pourrions-nous pas demander : A-

(1) S. Jean Chrysost., *ap. Brev. Rom.*, 6 juillet.
(2) *Omnia traham ad meipsum.* Joann., xii, 32.
(3) S. Ambroise, *De virgin.*, nº 1.

t-il été humble ? Mais celui que nous avons sous les yeux, il a suivi docilement son Maître jusqu'à consentir, avec lui, à être mis à mort en compagnie des plus infâmes scélérats, et à se voir attaché à un instrument de supplice qui, au jugement de ses bourreaux et du peuple, n'est qu'un gibet d'ignominie : *Humiliavit semetipsum, factus obediens usque ad mortem crucis* (1). Si l'on nous montrait un solitaire, au fond de son désert, crucifiant son corps dans l'exercice de la plus austère pénitence, nous demanderions peut-être : A-t-il persévéré ? Mais lui, le voilà parvenu à ce moment décisif, qui est la conclusion, comme aussi la révélation de toute une vie : *In fine hominis, denudatio operum illius* (2). Le présent nous répond de l'avenir et du passé. Ce qu'il est maintenant, il ne peut plus cesser de l'être, je dis plus : il l'a toujours été. S'il meurt aujourd'hui, avec un si calme courage, c'est que, depuis longtemps, il se préparait à la mort, et mourait en effet, par le renoncement à lui-même et le détachement de toutes choses. S'il ne recule pas devant ce solennel et sanglant holocauste,

(1) Philip., ii. 8.
(2) Eccli.. xi, 29.

c'est que, depuis longtemps, il renouvelait, chaque jour, avec une persévérance qui ne s'est pas une seule fois démentie, ce sacrifice perpétuel, *juge sacrificium* (1), de la lutte incessante contre les penchants de la nature, et de la pratique persévérante de toutes les vertus du chrétien.

Aussi est-il prêt, maintenant, et peut-il remporter la victoire. Car, c'est bien une victoire qu'une telle mort. C'est ainsi que doit vaincre la vérité. Dieu l'a envoyée sur la terre pour combattre, et cependant il l'a envoyée désarmée. Elle vaincra, mais ce ne sera pas en versant le sang de ses ennemis, ce sera en donnant son propre sang (2). C'est ainsi que doit vaincre la Foi; c'est ainsi que ses victoires l'emportent de beaucoup sur celles des héros de la terre. Dans les combats des hommes, vous voyez deux armées en présence : on en vient aux mains, on s'attaque, on se mêle, les armes se heurtent, le sang jaillit et ruisselle des deux parts. « De même ici, continue saint Jean Chrysostome (3), deux armées sont

(1) Daniel, viii, 11, 13.
(2) Lacordaire. *Discours pour la translation du chef de saint Thomas d'Aquin.*
(3) S. Jean Chrysostome, *De Sanct. Martyr.*

aux prises : d'un côté les tyrans, de l'autre les saints Confesseurs ; les premiers, armés, les seconds sans défense ; et cependant, à qui reste la victoire ? A ceux qui n'ont point d'armes. Quoi ! la victime triomphe du bourreau ; celui qui est battu de verges, de celui qui le frappe, celui qui expire dans les flammes, de celui qui allume le bûcher ; celui enfin qui meurt, de celui qui commande son supplice ? Oui, c'est qu'il y a, dans le martyr, une force supérieure à toutes celles de la nature, la grâce divine, qui l'élève au-dessus des tourments et de la mort. »

Toutefois, le Bienheureux doit souffrir encore pour acheter la victoire. Lorsque Jésus va mourir, il semble chercher, de ses regards défaillants, si quelque trait prédit par les prophètes ne manquerait pas à son agonie. Alors, sachant ce qu'avait annoncé David, il s'écrie : *Sitio*, « J'ai soif (1) », et ce n'est qu'après avoir approché ses lèvres du breuvage amer, que, tout étant consommé, il peut rendre son âme à son Père.

Il manquerait quelque chose à la ressemblance du disciple avec son Maître, si la mort du premier était trop prompte. Comme son Maître, il

(1) Joan., XIX, 28 et sq.

doit goûter la mort et la savourer à longs traits :
Ut gustaret mortem (1). Les sept misérables, sup-
pliciés avant lui, ont eu la tête tranchée d'un
seul coup. Lui sera étranglé, et, par un dernier
raffinement d'infernale cruauté, le bourreau s'y
reprendra à trois fois : ce n'est qu'à la troisième
pression que son âme quittera sa prison, pour
s'envoler au Ciel. Le triomphe peut maintenant
succéder à la victoire.

III

C'est au ciel que le triomphe commence. Dieu
couronne le nouveau vainqueur ; les anges l'ac-
clament, les saints lui ouvrent leurs rangs.
Grande assurément fut la joie de tous les saints,
mais plus grande encore fut celle de l'un d'entre
eux, de saint Vincent de Paul, qu'on a été heureusement inspiré de peindre, dans ce tableau (2),
accueillant, le premier, son glorieux fils, et le pré-

(1) Hebr., ii, 9.

(2) Le tableau de l'apothéose du Bienheureux, qu'on
voyait pendant les cérémonies du *Triduum*, au-dessus
du maître-autel.

sentant au Seigneur. Sur la terre, ô Bienheureux Père ! vous bénissiez Dieu et vous versiez des larmes de bonheur, quand vous appreniez qu'un de vos enfants était mort « sur le champ de bataille et les armes à la main ». En voici un aujourd'hui encore, qui n'a jamais déserté le champ de bataille, qui n'a jamais posé les armes Vous pouvez bien lui redire ce que vous ajoutiez aux paroles que je viens de citer : « Mourir ainsi n'est pas mourir ; c'est cesser de mourir, et commencer une vie meilleure et plus heureuse. » C'est du haut du ciel, et du sein du bonheur, de la gloire, qui récompensent ses combats, et consacrent sa victoire, qu'il apparaîtra dans quelques jours, penché sur le sommet de cette échelle sanglante, dont il a si vaillamment monté tous les degrés, à ce païen compatissant, qui lui a prêté une si charitable assistance, au lendemain de son arrestation, et que, l'exhortant à le suivre, il lui méritera la grâce de la conversion et le salut éternel.

Déjà, le triomphe avait commencé sur la terre. A peine le Bienheureux venait-il de mourir, une croix lumineuse brillait tout à coup dans les cieux, visible à plusieurs lieues : les chrétiens la virent, et se jetant à genoux, louèrent Dieu et invoquèrent le martyr; les païens, eux aussi, l'aperçurent, et plusieurs, renonçant aux idoles et reconnaissant, disaient-ils, le vrai « Maître du Ciel », demandèrent le baptême. Le Ciel avait voulu associer, sous une forme sensible, la croix du Maître et la croix du disciple, et les miracles de conversion qui avaient suivi, autrefois, la mort du Fils de Dieu, se répétaient sur ce nouveau Calvaire.

D'autres miracles allaient bientôt s'accomplir. Des guérisons soudaines, inattendues, inexplicables aux yeux de l'art humain, allaient être attestées de toutes parts. C'est sur la tombe même du Confesseur de la foi, qu'on le prie tout d'abord, et déjà ses restes précieux communiquent une surnaturelle efficacité au sol qui les recouvre. On voit les chrétiens recueillir, avec un religieux empressement, les herbes et les racines qui croissent autour de son sépulcre et que les faits prodigieux, dont ils ont été les témoins, leur font regarder comme des dictames infaillibles.

Si la puissance de son intercession se manifeste si promptement et avec tant d'éclat, sur sa tombe, son berceau n'a rien à envier à celle-ci, et quelques années se sont à peine écoulées depuis sa mort, que les pèlerins se pressent dans l'humble maison du Puech, où ils apportent, les uns, leurs prières, les autres, l'expression de leur reconnaissance et leurs actions de grâces.

Puis cette dévotion, envers un intercesseur si puissant auprès de Dieu, gagne et s'étend de proche en proche, en même temps que se multiplient les miracles qui l'ont fait naître et qui la font grandir. Ce n'est pas seulement la France, qui apprend le nom du serviteur de Dieu et lui adresse ses prières, c'est l'Europe, ce sont tous les pays catholiques, et jusqu'à ceux du nouveau monde. Partout, des faits, où la main de Dieu est empreinte d'une manière indéniable, viennent répondre à cette pieuse confiance. Je n'en finirais pas si j'entreprenais d'énumérer tous les miracles obtenus par une intervention si efficace, et le jour s'achèverait avant que la liste en pût être épuisée. Je n'en veux citer qu'un seul, auquel la naïve sincérité de quelques-uns des témoins qui l'ont pu constater tout d'abord, donne, ce me semble, un caractère tout à la fois très touchant et très authentique.

Dans les premiers jours de l'année 1842, à Constantinople, une Fille de la Charité, chérie de ses compagnes à cause de ses vertus, chérie des enfants dont elle était chargée à cause de son dévouement et de sa bonté, était frappée à mort. Les médecins venaient de se réunir une dernière fois, et s'étaient refusés à signer leur consultation, ne voulant pas, disaient-ils, signer un *extrait mortuaire*. Cependant, deux neuvaines avaient été commencées en l'honneur du serviteur de Dieu, l'une par les sœurs, l'autre par les élèves de la mourante. Le lendemain de la consultation, on crut que tout était fini. Sur le soir, la malade fut prise d'une espèce de râle, le teint terreux de sa figure, l'odeur cadavérique qu'elle commençait à répandre, tout semblait annoncer que le dernier moment était venu. Elle s'assoupit : son sommeil, durant lequel elle eut un songe, qu'elle ne put se rappeler ensuite sans y voir un signe de ce que Dieu allait opérer en elle, dura trois heures. A minuit, elle s'éveille, la douleur intolérable, dont elle souffrait depuis des mois, a disparu ; elle se dresse sur son séant, il lui semble qu'elle est guérie, elle sent une faim dévorante, et prend tout ce qui est à sa portée dans sa chambre. La supérieure, qui la voit la première, hésite d'abord, et n'ose croire que la sœur Vincent (c'était le nom de la malade) soit vrai-

ment rendue à la vie ; elle craint de se trouver
en présence d'un de ces mieux trompeurs qui,
loin d'être l'indice de la guérison, ne font que
précéder de quelques instants la mort. La sœur
Vincent doute elle-même : elle se croit le jouet
d'une illusion, et puis il lui en coûte de se faire
à l'idée qu'elle va recommencer à vivre, tant
elle était prête à mourir, et heureuse de la pensée
d'aller voir son Dieu ! Il fallut cependant se rendre à l'évidence. Plus d'odeur de cadavre, le
visage a repris son aspect naturel et les cou-
leurs de la vie. La sœur se décide à parler : elle
dit à sa supérieure ce qu'elle éprouve, ce qu'elle
a vu en songe. Celle-ci appelle aussitôt ses
compagnes, et la nouvelle du miracle se répand
dans la maison qui fut tout entière, raconte la
digne supérieure, « comme dans le délire ».
Mais, au milieu de l'universel enthousiasme,
on ne peut s'empêcher de remarquer le profond
saisissement et la joie si touchante de ces
enfants, qui se pressent autour de la bien-aimée
maîtresse qui leur est rendue ; elles restent
d'abord immobiles, muettes, les yeux fixés avec
admiration sur la sœur ; à la fin, leur premier
trouble étant un peu calmé, les expressions les
plus touchantes de foi, de reconnaissance

envers Dieu et envers son serviteur, sortirent de toutes les lèvres : « Je vous avais bien dit, ma sœur, s'écriaient les unes, qu'elle serait guérie! » et d'autres : « Il ne faut plus dire, Monsieur Perboyre, mais bien, saint Perboyre. »

L'Église commençait à penser, bientôt elle allait parler comme ces enfants. La nouvelle de la mort du saint martyr n'était pas encore arrivée en Europe, on venait seulement d'apprendre à Rome qu'il était en prison; le souverain pontife Grégoire XVI exprimait déjà le vœu que tous les renseignements relatifs à sa captivité et à ses derniers moments fussent recueillis avec soin, afin qu'on pût, dès qu'on saurait qu'il avait donné sa vie pour sa foi, procéder au plus tôt à l'introduction de sa cause. Depuis lors, cinquante années ne sont pas encore entièrement écoulées; et, malgré l'énorme distance qu'avaient à franchir tous les documents rassemblés sur les lieux témoins de ses derniers travaux et de sa mort, malgré la sage et prudente lenteur que la cour de Rome apporte toujours en ces matières si graves, malgré les révolutions qui ont eu un contre-coup si douloureux sur le Saint-Siège et sont venues, plusieurs fois, interrompre le procès commencé, celui-ci est terminé et vi d'aboutir à l'acte solennel qui a porté sur les autels un martyr, que la confiance privée des fidèles invoquait depuis longtemps ; que leur piété pourra maintenant prier au grand jour et honorer d'un culte public.

Ses restes vénérés ont quitté l'obscurité du tombeau, et nous les voyons resplendir sur ce trône que leur ont élevé les mains pieuses de ses frères. Ce que saint Jean Chrysostome admirait et venait chercher dans la ville de Rome, ce n'était pas, disait-il, la vaste étendue de son enceinte, le nombre et la magnificence de ses monuments, la multitude et la richesse de ses habitants, c'étaient les cendres de **Paul** et les cendres de **Pierre** (1). Les reliques des saints, voilà, en effet, l'une des meilleures richesses de l'Eglise et du monde. Déjà, ce sanctuaire était privilégié, il était riche entre beaucoup d'autres, puisqu'il possédait la précieuse dépouille de saint Vincent de Paul. Il abritera désormais un second trésor, qui le rendra doublement cher aux fidèles de ce diocèse, de la France et de l'univers catholique. Ils viendront prier, en même temps, au pied de la châsse qui renferme les ossements

(1) S. Jean Chrysost., *Hom.* 33 *in Epist. ad Rom.*

du Père, et au pied de l'autel qui recouvrira les cendres du Fils. Ils savent, en effet, que Dieu, qui attachait autrefois sa vertu et le pouvoir d'opérer des miracles, aux vêtements, à l'ombre même de ses apôtres, peut se servir de ces reliques bénies comme d'un instrument efficace pour guérir et pour consoler, pour convertir et pour sauver les hommes.

C'est une gloire et comme une consécration nouvelle pour ce sanctuaire bien-aimé, que de recéler ces trésors; une autre gloire lui est réservée dans l'avenir. Un jour, ces ossements, ces cendres, qui, tout poudre qu'ils sont, exhalent déjà une odeur de vie et de résurrection, se ranimeront pour le dernier et éternel triomphe. Et c'est ici, c'est dans ce sanctuaire, que, se soulevant à la voix de Celui qui commande à la vie et à la mort, on les verra se rejoindre, s'ordonner dans une merveilleuse harmonie, pour construire pièce à pièce ce corps, que la mort avait abattu. Nous reverrons alors ces pieds de l'apôtre, qui étaient infatigables à parcourir les voies du bien et du sacrifice, qui ont traversé les mers pour aller porter l'Evangile aux païens, et qui ne se sont arrêtés que lorsqu'ils ont été, comme ceux du divin Maître, attachés à la croix; ces mains qui, avant d'être chargées de chaînes pour la cause du Christ, s'employaient, avec tant de dévouement, à toutes les œuvres de la miséricorde et du zèle; ce front, ces yeux, si modestes, si purs, si beaux, et qui, malgré le voile dont son humilité s'attachait à les couvrir, révélaient toute l'élévation de sa noble intelligence, toute la générosité de son grand cœur. Puis, il ira retrouver son bienheureux Père, saint Vincent, qui, lui aussi, aura repris ces traits, cette physionomie incomparables, qui sont devenus le symbole vivant et populaire de la Charité. Et c'est d'ici, c'est de ce sanctuaire, qu'ensemble et la main dans la main, ils monteront vers la Patrie; et, en les voyant paraître, en voyant ce double et magnifique présent offert au ciel par la terre, les anges, ravis d'admiration, éclateront en actions de grâces, et, tous d'une voix, diront à Dieu : *Te gloriosus apostolorum chorus, te martyrum candidatus laudat exercitus.*

FIN

TABLE DES MATIÈRES

		Pages
LE PRÊTRE	. . . .	1
LE MISSIONNAIRE	. . . .	65
LE MARTYR	. . . .	119

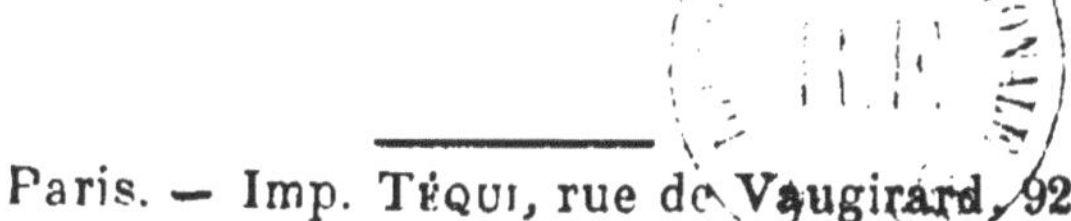

Paris. — Imp. Téqui, rue de Vaugirard, 92.